PLÖTZLICH MEDIAL

Im heilenden Dialog mit der Materie

Noa Straumann

IMPRESSUM

Bibliografische Information der Deutschen Nationalbibliothek:
Die Deutsche Nationalbibliothek verzeichnet diese Publikation in der Deutschen Nationalbibliografie; detaillierte bibliografische Daten sind im Internet über http://dnb.dnb.de abrufbar.

© 2016 Noa Straumann
Illustrationen: Noa Straumann

Herstellung und Verlag:
BoD - Books on Demand, Norderstedt
ISBN 978-3-7412-9264-4

INHALT

Wünscht du dir medial zu sein, um hinter den Kulissen des vordergründig Plakativen das Wahrhaftige zu erschauen - zu erlauschen, welches die uspründliche Melodie des Lebens ist und auf welche Weise du darin aufgehoben bist?

Exakt aus diesem Grund, ist das vorliegende Buch geschrieben worden. Denn in einer Welt, die von widersprüchlichen Informationen schier geflutet wird, der eigenen Intuition zu vertrauen, ist tatsächlich ein Bedürfnis und zugleich ein Abenteuer.

Dieses Buch zeigt dir jedoch, dass du Medialität eigentlich nicht lernen musst, denn die Fähigkeit zu medialer Klarheit trägst du seit deiner Geburt in dir. Du brauchst dich bloss zu erinnern, wie du als Kind in jedem Gegenstand ein bewusstes Gegenüber erkannt hast und mit diesem in einen Dialog getreten bist. Ja, du hast wahrgenommen, was Quantenphysiker jetzt bestätigen – es gibt nichts, das ohne Bewusstsein ist. Auch was ein vernünftiger Mensch als tote Materie bezeichnen würde, lebt, reagiert und antwortet. Deswegen ist dieses Buch dem Dialog mit der Materie gewidmet, dieser ausgewiesenen Expertin in Sachen DUALITÄT.

Der geistige Aspekt ist bereits in unzähligen spirituellen Büchern gewürdigt worden. Eine Ehre, welche der Materie mit diesem Werk jetzt endlich auch wiederfährt.

Wenn wir Geist als das väterliche und Materie als das mütterliche Prinzip erkennen und ehren, ist die Welt in Harmonie und wir befinden uns immer und überall in der vollkommenen Geborgenheit von Yin und Yang und deren nährendem Zyklus.

Feinfühlig und mit leisem Humor führen die Texte vor Augen, welch bildhaft und einfach verständliche Botschaften die Materie für uns bereithält. Es sind nachgerade Plädoyers für Aufmerksamkeit, Toleranz und Akzeptanz gegenüber den mannigfaltigen Ausprägungen und Bewegungen des Lebens. Metaphern, die nicht nur das Auf und Ab des Alltags erklären, sondern auch Verständnis und Zuneigung zu sich selbst wecken und vertiefen.

Ehrlich und direkt, erheiternd und beflügelnd, Herz erwärmend, verspielt und freundschaftlich ist diese Reise ins Innere der Materie, die zugleich eine Reise zu deinem eigenen Kern ist.

Anleitungen zu Meditationen, Einführung in die Technik des Dialoges mit der Materie und die Anwendung der Quantenverschränkung bilden den Praxisteil dieses Sachbuches.

PERSÖNLICH

Noa Straumann ist diplomierte Pädagogin, zertifizierte Feng Shui Beraterin, Emotrance Masterpractitioner und Hypnose-Coach, zudem ausgebildet in Schamanismus, Energetischen Heilweisen und Chirologie. Sie tanzt, malt und schreibt gerne.

Noa Straumann inspiriert in ihrem "Atelier für Leichtigkeit" Menschen, ihren eigenen Wurzeln und Flügeln wieder zu vertrauen.

www.noa.io

Weitere Bücher von Noa Straumann

- Kidz & Quanten
- Kürbis Kürbis
- Der Mobilée-Effekt

TEIL 1
SPIRITUALITÄT HEUTE

NICHT ALLE ENGEL HABEN FLÜGEL

Sehnst du dich nach dem Guten und Richtigen, nach deinem Platz in der Welt, nach deinem ganz persönlichen Ausdruck des Seins? Bist du auf der Suche nach einer Anleitung, die dir einen zuverlässigen Weg aufzeigt, wie du deiner Individualität ebenso gerecht werden kannst wie der Verantwortung gegenüber deinen Mit-Wesen? Orientierst du dich dabei an Weisheitslehrern, Erleuchteten und Engeln und fühlst dich zuweilen trotzdem verloren, unzulänglich und ratlos? Damit bist du nicht alleine.

Du bist sowieso nie alleine.

Schau dich um. Du bist umgeben von Vertretern der Materie. Materie kann als Expertin für die duale Existenz betrachtet werden und ist daher der ideale Coach für alle Lebenslagen. Da sie mit Bewusstsein ausgestattet ist, kann sie mit dir in Verbindung treten und dich mit aussergewöhnlichen Erkenntnissen und Lebenskonzepten vertraut machen. Lasse dich berühren vom Bilderbogen und den Metaphern ihrer Botschaften, lerne dich selbst durch den Dialog mit der Materie besser kennen und lieben. Entdecke das Leben neu und sei PlÖTZLICH MEDIAL auf ganz natürliche, selbstverständliche Weise.

INSPIRATIONEN UND ERMUTIGUNGEN

Die Erkenntnisse weiser und erleuchteter Menschen sind uns heute in einem grösseren Umfang zugänglich als je zuvor. Sie inspirieren und erheben uns zweifellos. Wir eifern den klugen und liebevollen Empfehlungen nach, erleben oft Glücksgefühle und Bestätigung, verspüren aber auch wiederholt nagende Selbstzweifel, denn nicht immer gelingt uns die Umsetzung unsere hehren Absichten. Stets liebevoll, grosszügig, versöhnlich, positiv denkend zu sein, klappt einfach nicht rund um die Uhr und 365 Tage pro Jahr. Ab und zu platzt uns, besten Vorsätzen zum Trotz, der Kragen und wir sind patzig, grantig und vielleicht sogar destruktiv.

Das ernüchternde Fazit, das wir nach jedem neuerlichen (scheinbaren) Scheitern selbstkritisch ziehen, verweist uns spirituell Strebende oft genug auf den Platz der ewigen Schüler. Also beginnen wir stets wieder von Vorne und bescheren uns dadurch selbst Lernchancen à Discretion.

Auch Bücher über Engel und deren hilfreiche Unterstützung sind zahlreich auf dem Markt zu finden. Die Beschäftigung mit diesen himmlischen Wesen ist wunderbar, verspricht Trost, Schutz und Unterstützung, ist jedoch nicht jedem Menschen auf Anhieb zugänglich. Unsere Selbsteinschätzung, welche manchmal beinahe Geringschätzung zu nennen ist, bildet wohl dabei die grösste Hürde. So edel, rein und unantastbar erscheinen manchen von uns die Himmelsboten, dass wir es nicht wagen, mit ihnen in einen ebenbürtigen Kontakt zu treten. Zudem ist das Paradies dermassen weit von unserer täglichen Realität entfernt, dass die dortigen Gepflogenheiten kaum auf menschliche Verhältnisse zu transponieren sind. Wie sollen sie also helfen können, unser Erdenleben hienieden achtsam, erfolgreich und tatkräftig zu meistern?

Möglicherweise möchten wir ja auch nicht ein weiteres Mal von höherer Warte herab belehrt und dirigiert werden.
Was wir heute brauchen, ist ein Gegenüber auf gleicher Augenhöhe, das unsere Selbstkompetenz freundschaftlich erweitert und stärkt, uns ermutigt und bekräftigt und uns Bewegungsfreiheit, und Spielraum gibt, ohne im Gegenzug blinde Gefolgschaft zu erwarten.

Denn wir haben zweifellos ein Dilemma in Bezug auf Autoritäten. Wir sehnen uns zwar nach Geborgenheit und Sicherheit unter den Fittichen einer höheren Macht, nach uneingeschränkter Akzeptanz unseres individuellen Seins, doch wir möchten diesbezüglich nicht an ein vorgefertigtes Konstrukt glauben und uns diesem unterordnen müssen. Wir wollen selbst erfahren, wie umfassend, liebevoll, weise und tragfähig das Netz des Lebens ist und darüber hinaus, wie kompatibel wir mit diesem Netz sind.

Diese Erfahrung kann uns geschenkt werden. Zum Einen in einem Moment der Gnade, welcher uns gänzlich weich und geöffnet und dadurch empfänglich antrifft – oder aber zum Anderen, können wir uns selbst nach und nach öffnen und die Erkenntnis des All-Einen in uns einfliessen lassen. Wie dies geschehen soll, fragst du?

Das ist nicht schwierig.

Wir beginnen einfach nochmals von vorne mit dem Entdecken der Welt. Wir tauchen ein in die Fülle der vorhandenen Ebenen, welche zahlreicher sind als wir derzeit zu wissen glauben.

DER ANFANG

Nachdem der Vatergeist, das Yang, deine geistige, innere Struktur aus dem Nichts und Alles initiiert hat, wurdest du sorgsam dem mütterlichen Aspekt, dem Yin, in die Arme gelegt, welches in der Folge begann, dich in Materie zu kleiden.

Beides trägst du seither in dir: den väterlichen Geist und die mütterliche Substanz.

Nun könntest du eigentlich zufrieden sein und dich in der Geborgenheit von Yin und Yang - Materie und Geist, Mutter und Vater - in der perfekten Harmonie wiegen und das Sein vorbehaltlos geniessen. Paradiesisch. Immer gleich. Bis in alle Ewigkeit, träumend und entspannt. Toll??? Oh ja, geradezu herrlich!

Leben ist jedoch dynamisch. Nicht bloss im Sinne von höher, schneller, stärker, klüger, erfolgreicher, sondern auch und vor allem, im Sinne von vielfältiger, facettenreicher, individueller und kommunikativer.

LEBEN IST ENTWICKLUNG

Denn das väterliche und das mütterliche Prinzip sind in ihrer Fruchtbarkeit nicht aufzuhalten. Sie kreieren nach dem Paradies des Gleichklangs auch noch die Welt der Reibung, die Welt der unaufhörlichen Interaktionen.

Aus Dunkel und Hell darf Bunt entstehen.

Aus behäbigem Hin-und-Her-Wiegen wird Bewusstheit, Wildheit, Bewegung, Neugier, Klang, Suche, Selbstbehauptung, Mut, Flucht, Sehnsucht, Absicht, Instinkt, Kombinatorik, Raffinesse, Ausdruck, Anspannung, Angst, Emotion, Kraft, Zu- und Abneigung, Organisation, Stolz, Erschöpfung, Wonne, Schmerz, Hingabe, Verbundenheit und vieles mehr.

Es entsteht eine ausgesprochen reichhaltige Palette an Möglichkeiten.....für dich.

Ohne sie würdest du niemals in Erfahrung bringen, wie vielfältig Existenz sein kann. Du würdest auch auf das Erleben von Aktion-Reaktion, Konfrontation-Kommunikation-Integration, These-Antithese-Synthese und vor allem auf das Entdecken deiner persönlichen Kreativität und deiner individuellen Talente verzichten müssen. Innerhalb der perfekten Harmonie des Paradieses wären dies alles Selbstverständlichkeiten und insofern nicht wirklich erfahrbar.

DEINE WELT

Um jeglicher Langeweile und Stagnation vorzubeugen und den Erfahrungshorizont zu erweitern, haben sich Yin und Yang also freundlicherweise in unzählige andere Energieformen geteilt, das Sein dadurch in kreative Schräglage und dich auf die Ebene der Gestaltungsmöglichkeiten gebracht. Da, wo du dich jetzt befindest, ist deine Spielwiese, dein Spielbrett, deine himmlische Rutsche ins Abenteuer Leben hinein.

Du warst mutig oder verrückt genug, dich zum Mitspielen verleiten zu lassen. Und nun befindest du dich auf diesem Planeten und bist dem ganzen Kaleidoskop von Erfahrungen, Gedanken und Gefühlen ausgesetzt. OHNE ZUVERLÄSSIGE GEBRAUCHSANLEITUNG!

Oder mit einem ganzen Stapel Gebrauchsanweisungen von Eltern, Schule, Kirche, Politik, Medien und Wissenschaft. Einem Stapel, welcher dein ursprüngliches, paradiesisches, allumfassendes Wissen überdeckt und dich in Verwirrung stürzt. Vielleicht begleitet dich deswegen seit Kindertagen das Gefühl, etwas sei oder du seist nicht ganz richtig.

Die Erinnerung ans Paradies, die Sehnsucht nach dem Unendlichen, Unverletzbaren, Allmächtigen, Alles-in-sich-Bergenden treibt dich an, wieder dem Höchsten zuzustreben, dich zu vervollkommnen und aufs Neue Heimat zu erlangen im väterlichen All-Einen. Beinahe verzweifelt muten deine und unser Aller Bemühungen um spirituelle Makellosigkeit und Vollkommenheit zeitweilig an, doch offenbar gelten diese als Eintrittsticket zum „Himmelreich" auf Erden.

Oft genug machst du deine Selbstakzeptanz davon abhängig, wie tadellos du die Regeln der 1001 Gebote oder die Erwartungen deines Umfeldes einzuhalten und zu erfüllen vermagst. Denn woran sonst solltest du dich orientieren? Wofür hast du bisher Lob, gute Zeugnisse, Lohn und freundliche Zuwendung erhalten, wenn nicht für dein Gefällig-Sein gegenüber Eltern, Lehrpersonen und Autoritäten und dein vollumfängliches Bemühen, deren Regeln einzuhalten und stets dein Bestes zu geben? Das Wissen um die gesellschaftlichen Gesetzmässigkeiten hast du dir durch aufmerksames Beobachten seit Kindertagen angeeignet, so tiefgreifend, dass es dir in Fleisch und Blut übergegangen ist. Was „man" darf und was „man" besser bleiben lassen sollte, ist zu deiner Leitplanke geworden, zuweilen zwar einschränkend, aber durchaus auch vertraut und dadurch verlässlicher Garant für ein Gefühl der Sicherheit.

Wieder könntest du zufrieden sein, als Rädchen im gut geschmierten Gesamtkonzept.

Warum nur bist du trotz scheinbar klarer Regeln so oft verunsichert, traurig, wütend oder von Angst erfüllt?

Weswegen fühlt der Alltag sich manchmal wie ein Farce an und du empfindest dich als Statisten ohne Herzensbezug zum Urgrund?

Sehnst du dich etwa nach echter, unvoreingenommener Kommunikation und Verbundenheit mit dem grossen Ganzen?

Möchtest du weniger Kritik an deinem So-Sein erfahren und dafür eine humorvolle, wohlwollende Akzeptanz gegenüber deinem „Projekt Erdenleben" empfinden?

Wünscht du dir Resonanz auf das leise Rufen deiner Seele, deines Herzens, deiner Authentizität?

Ersehnst du dir manchmal einen zuverlässigen, freundschaftlichen Kompass für deine Lebensreise?

Suche nicht zu weit. Die Materie, das mütterlich-stoffliche Prinzip, trägt dich noch immer in seinen Armen und umgibt dich unablässig mit zahlreichen Hinweisen, die dir Anregung sein wollen, Inspiration und Unterstützung auf deinem Weg. Beobachte, lausche, sprich in deinem Herzen mit den Vertretern der Materie, welche allesamt als deine Geschwister gelten können. Sie geben dir nützliche Informationen, um in der Dualität zurecht zu kommen und möchten dich daran erinnern, wie interessant und facettenreich das Leben ist. Ebenso interessant und facettenreich wie du selbst. Materie gibt dir unzählige Beispiele dafür, wie du die Erfahrungsmöglichkeiten des Lebens auskosten kannst und regt dich gleichzeitig dazu an, sanft und liebevoll mit dir selbst umzugehen.

YIN UND YANG

Betrachtest du das Bild des klassischen Yin-Yang-Zeichens mit den Augen eines Kindes, kannst du zwei gleichwertige, schön geschwungene Felder sehen, weiss und schwarz, mit je einem komplementären Punkt mittendrin. Es ist ein Bild der Ausgewogenheit. Aber es verrät bei genauerer Betrachtung ebenso eine gewisse Dynamik. Die Felder beginnen jeweils fadendünn und steigern sich zu beeindruckendem Volumen, bevor sie ihrem andersfarbenen Gegenpol den Platz überlassen und dieser das Spiel des Werdens und Vergehens erneut beginnt.

Daraus folgert, dass tatsächlich Ausgewogenheit besteht zwischen Schwarz und Weiss als Symbol für aktiv – ruhend, hell – dunkel, leicht – schwer, heiss – kalt usw….und dass das eine das andere stetig befruchtet. Fortwährend gebärt das eine das andere, und wenn du dich nicht gegen diese Dynamik der Veränderung stellst, sondern dich in sie einzufühlen bestrebt bist, dann wirst du zum mitschwingenden Teil einer absolut berauschenden Entwicklungsgeschichte mit einer schier unendlichen Palette von Erfahrungsmöglichkeiten.

Urmutter und Urvater, welche beide in dir beheimatet sind und du in ihnen, unterrichten dich gemeinsam. Hast du bislang die Aspekte des Stofflichen denjenigen des Geistigen eher untergeordnet, sie beinahe als minderwertiger und sicherlich als unspiritueller betrachtet, wirst du nun erkennen, dass Yin und Yang gleichwertig sind und dass auch Materie über Bewusstsein verfügt und mit dir kommunizieren kann. Ein bunter, wacher Bilderbogen breitet sich fortan vor dir aus und du wirst dich glücklich schätzen, Voreingenommenheit abzulegen und dir die Welt auf neue Weise zugänglich zu machen.

Da Materie die mütterliche Position darstellt, erklärt sie dir den Facettenreichtum des Seins auch, wie eine Mutter dies ihrem Kind erklären würde, in einfachen Bildern. Und du darfst dich auf die vitalisierende Entdeckungsreise eines Kindes begeben, welches ohne Vorurteile die Welt erkundet. Eine Welt ohne vorbestimmte Wenn-Danns, jedoch mit zahreichen befreienden Sowohl-Als-Auchs. Es wird eine Reise sein, die dich im wahrsten Sinne des Wortes verjüngt und erfrischt, denn dein Körper wird sich mit Sicherheit auf deine neue geistige Präsenz, Wachheit und Geschmeidigkeit einstellen und diese zu übernehmen trachten. Jede Zelle und alle Moleküle in dir und um dich herum bestehen aus dieser genialen Mischung von Bewusstsein und Materie, Yin und Yang. Wie herrlich für sie und dich, wenn beide Anteile gewürdigt werden in ihrer Ebenbürtigkeit und nun Hand in Hand gemeinsam deinem höchsten Wohle beitragen können.

Jeder Tag wird dich künftig mit Überraschungen beschenken. Du wirst auf wunderbare Weise durch neue Assoziatio-

nen und deren Botschaften beglückt werden und die geradezu magischen Zusammenhänge des Lebensprinzips werden sich dir in immer erstaunlicherem Ausmass offenbaren. Nicht nur wirst du das Leben an sich besser verstehen lernen – du wirst auch verständnisvoller, freundlicher und liebender mit dir selbst umgehen können, jetzt, da die Materie selbst dir ihre Wirkungsweise erklärt. Jetzt, da du um die innige Verwandtschaft mit ihr weisst und aus dieser eine neue Art der Geborgenheit in dieser Welt ableiten kannst.
Je mehr deine Vorbehalte, Vorurteile und Widerstände gegenüber der Materie schwinden, desto unbeschwerter wirst du dich im Alltag bewegen. Du und die Welt der Materie, ihr seid eins. Wie solltet ihr einander da feindselig begegnen?

Bist du bereit für diese Reise zu den Botschaften der Materie?Wollen wir sie gemeinsam erforschen und betrachten und gleichzeitig deine Intuition und deine Medialität als Geschenk in Empfang nehmen?

DIE NEUENTDECKUNG DER WELT

Lasse uns wieder Kind, Frischling, Neuankömmling, Anfängerin, Nicht-Wisserin, Forscherin, Beobachterin sein. Wir setzen nichts voraus. Wir befreien uns von alten, möglicherweise steifen, einschränkenden Bildern und werden dadurch verjüngt, geschmeidig, neugierig, aufnahmefähig und die Welt wird wieder zum leuchtenden, glitzernden Wunderland.

Nicht-Wisserinnen kennen kein „Wenn – Dann". Ihre scheinbare Naivität ist ihre grösste Freiheit, denn sie löst die Zwänge der Gewohnheiten auf und gibt neuen Möglichkeiten Kraft und Raum, was zu überraschenden Entwicklungen führen kann. Die Wirklichkeit wird kreativ und flexibel, denn sie ist ja lebendig, bewusst und zum Spielen bereit und du wirst zu der genialen Schöpferin, die eigentlich schon seit jeher in dir steckt. Was vorher unmöglich schien, steht plötzlich als Wahrscheinlichkeit vor uns. Was als Bilderbogen im Kopf beginnt, findet schliesslich Wiederhall in der „Realität".

Auch das Bildnis, das wir von uns selbst im Laufe der Jahre gezimmert haben, kann hierbei eine Erneuerung erfahren. Wir können zum weissen Blatt im Tagebuch werden, das jungfräulich und blütenfrisch auf einen neuen Eintrag wartet und gestaltet werden will. Wir entdecken erfreut, welches Potenzial in uns seiner Entfaltung harrt. Denn Einschränkungen und einengende Definitionen gibt es ja nicht mehr in einer völlig neuen Welt. Das „Nichts" und das „Alles" sind sich so nah, dass sie sich umarmen. Plötzlich öffnet sich der Fächer der Möglichkeiten und bietet sich dir an, verlockt dich zu Mikroverschiebungen und Quantensprüngen.

Kindliche Schöpferin zu werden, kann in diesem Fall bedeuten, sich alles unvoreingenommen anzuschauen und auf sich wirken zu lassen - und dann zu wählen aus dem Reichtum und der Vielfalt des Ganzen. Was wir bis anhin zu sehen gewohnt waren, erfährt eine Erweiterung und gewinnt an Farbigkeit. Denn da gibt es nicht bloss **eine** gangbare Spur, sondern deren viele. Und da sind nicht alle Engel mit Flügeln versehen, da existieren es auch welche ohne.

Verrückt, meinst du? Ja, wir verrücken gewiss unseren bisherigen Standpunkt etwas. Aus gutem Grund – das Bisherige kennen wir ja schon. Nun ist es an der Zeit, neue Wege zu beschreiten.

GLEICHWÜRDIGKEIT ALS BASIS DER MEDIALITÄT

Die erforderliche Technik ist einfach zu erlernen und jedem Menschen sofort zugänglich. Du musst dich also nicht mit jahrelangen Studien oder asketischer Disziplin plagen. Vielmehr steht dir ein spielerisches Vergnügen bevor. Der Dialog mit der Materie unterstützt das Wohlbefinden auf allen Ebenen und fördert deine Kreativität, steigert die Flexibilität und vermindert Einsamkeitsgefühle markant. Deine Unvoreingenommenheit und Neugier, dein auf Entdeckungsreise-Sein belebt und verlängert deine Telomere – ein wirkungsvolleres Anti-Aging-Programm kannst du nicht wählen.

Das Gespräch mit den Vertretern der Materie macht deutlich, in welch hohem Mass wir eingebunden sind in ein intelligentes, holistisches System, welches unser Leben durch seine Vielfältigkeit bereichert und energetisiert. Wir erkennen, dass diese Vielfalt bereits in uns angelegt ist und nur darauf wartet, vorbehaltlos begrüsst und integriert zu werden, um dadurch einen Reigen der fortwährenden, gegenseitigen inspirierenden Befruchtung zu garantieren. Denn was wir verstehen, können wir auch lieben.

Indem wir Materie in das Prinzip der Gleichwürdigkeit einschliessen, erweitern wir unseren Bekannten- und Verwandtenkreis enorm, gewinnen Lebens- und Aktionsraum hinzu und erschliessen uns einen riesigen Informationspool. Boah. Genug des Schwärmens. Lasse uns beginnen

IM DIALOG SEIN

Mit Menschen zu sprechen, ist nichts Neues für dich. Eigentlich ist es „Basic" für uns alle. Eventuell kommunizierst du mit Tieren und Pflanzen. Einige Leute unterhalten sich auch mit ihrem Auto – und fühlen sich dabei vermutlich leicht schräg.

Bislang ist es tatsächlich nicht die Norm, der Materie Bewusstsein zuzubilligen und schon gar nicht, eine Antwort von ihr zu erwarten. Diese Einstellung wirst du nach der Lektüre dieses Buches wohl nicht mehr haben. Denn Materie antwortet. Nicht immer in Worten, manchmal schickt sie dir auch Bilder und Empfindungen oder sie breitet ein Diagramm vor deinem geistigen Auge aus.

Natürlich braucht auch das Erlernen dieser „Sprache" etwas Zeit und Übung. Das Sich-Annähern an die Materie ist jedoch ausgesprochen lustvoll und stets anwendbar. Denn, wie gesagt, Materie ist in kunterbunter Auswahl jederzeit verfügbar.

Deinem Temperament gemäss, wirst du, wie du es bisher mit Menschen getan hast, auch den Dialog mit Gegenständen aufnehmen. Vielleicht forsch, kühn und erwartungsfroh oder aber subtil, meditativ und einfühlsam. Wenn du es als Möglichkeit in Betracht ziehen kannst, dass beispielsweise auch ein Stuhl über Bewusstsein verfügt und dir antwortet, ist dies als Grundlage für das hier angestrebte Vorhaben ausreichend und die eigentliche Vorgehensweise wird nebensächlich.

Persönlich finde ich, dass Respekt und freundliches Interesse gegenüber dem Gesprächspartner die beste Basis für ein erspriessliches Miteinander darstellen.

VORGEHENSWEISE

Die nachfolgenden medial empfangenen Meditationen wollen dir als Einstieg und Inspiration dienen für deine Annäherung an die Materie. Die darin verarbeiteten Bilder und Informationen sind meinem persönlichen Erleben entsprungen – du wirst vielleicht ähnliche oder ganz andere Eindrücke erhalten, da dein Blick auf die Welt eben auch ein ganz persönlicher ist. Lasse dich dadurch nicht irre machen. Wahrheit hat viele Gesichter. Was immer du verstehst, siehst, hörst oder empfindest, ist mit absoluter Sicherheit **eine** Möglichkeit in der unendlichen Vielfalt des Universums. Letztlich geht es nicht darum, Entscheidungsfragen zu stellen, sondern deine Wahrnehmung und dein Verständnis zu vertiefen und zu erweitern.

Wenn du also Rat in Gelddingen suchst, wendest du dich nach wie vor besser an einen Bankfachmann. In Gesundheitsfragen vertraust du noch immer in erster Linie deinem Arzt und wenn du ein Haus bauen möchtest, engagierst du mit Vorteil einen Architekten.

Irgendwann, vielleicht schon bald, wirst du möglicherweise so geübt und erfahren sein in deiner Kommunikation mit der Materie, dass du zusätzliche, wichtige Infos vom Geld, von Medikamenten oder von Baumaterialien selbst direkt abfragen und dadurch deinen Horizont erweitern kannst. Forciere dies jedoch nicht – du könntest dich damit zu sehr unter Druck setzen und dir die Leichtigkeit und Freude am eigentlichen Vorgang der Annäherung vergällen. Wesentlich bei deinem Dialog mit der Materie ist einzig, dass sich dadurch eure Beziehung vertieft und du dich aufgehoben fühlst in deinem Hier und Jetzt.

Materie hat viele Gesichter, auch wenn sie ursprünglich aus dem Einen gewoben ist. Unter diesen vielfältigen Ausprägungen gibt es, wie im Menschenreich, Spezialisten. Darauf nehmen die nachfolgenden Texte Rücksicht, indem sie die Materialien vorab in ihrer herausragendsten Qualität abzubilden versuchen. Gewiss könnte jedoch auch Sand Auskunft geben zur Thematik der Stabilität, und Wasser wüsste über Abgrenzung zu berichten – denn eigentlich ist das gesamte Wissen nach dem holographischen Prinzip ja in jedem Teil zu finden – trotzdem ist es verlockend und interessant, ausgewiesene Spezialisten zu Wort kommen zu lassen.

Nicht immer musst du deinen Geist bemühen, um in die Materie einzutauchen und nach Antworten zu forschen. Manchmal liefert dir das reale, direkte Leben einen unmissverständlichen und nützlichen Hinweis. Wenn dir auf dem Display deiner Kaffeemaschine heute die Leuchtschrift „BITTE WÄHLEN" in die Augen fällt, fordert sie dich dadurch möglicherweise freundlich auf, dir darüber Klarheit zu verschaffen, was du in deinem Leben wirklich tun möchtest. Wenn dir auf deinem Spaziergang durch den Wald eine Vo gelfeder vor die Füsse fällt, möchte sie dich vielleicht daran erinnern, dass du etwas weniger verbissen, dafür mit mehr Leichtigkeit deine Tage gestalten könntest. Und wenn dein Radio dir seinen Dienst versagt, plädiert er damit vermutlich für mehr Ruhe und Einkehr für dich.

Du erkennst schon, dass dir täglich liebevolle, fürsorgliche und freundschaftliche Botschaften zugetragen werden, wenn du mit wachen Sinnen unterwegs bist. Aufmerksamkeit ist die Grundlage deines Erlebnisreichtums.

DAS TOR ZUM UNTERBEWUSSTSEIN

Aufmerksamkeit ist auch der ideale Einstieg in ein von dir beabsichtigtes Gespräch mit der Materie. Zu Beginn geht das nicht „so nebenbei". Da nimmst du dir am besten etwas Zeit und Raum und entspannst dich erst einmal in dich und in das bevorstehende Erlebnis hinein.

Wenn du dich gesammelt hast, dich bei dir und wohl fühlst, wählst du einen Gesprächspartner aus. Angenehm ist es, wenn dieser Partner dir sympathisch ist, du ihn vielleicht sogar besonders gut magst. Baue zuerst einen Blickkontakt auf und fokussiere den auserkorenen Gegenstand. Verweile etwas in diesem Zustand, konstatiere jede sichtbare Einzelheit und Eigenart des Gegenstandes und dann lasse deinen Blick weich werden und das Bild verschwimmen. Mach dir bewusst, was du schon alles über diesen Gegenstand zu wissen glaubst. Sammle jede erdenkliche Information und Assoziation behutsam und geduldig ein. Dieses bewusste Wissen ist das Tor, das den Weg zum Unterbewusstsein verschliesst. Dadurch, dass du das Tor würdigst und anerkennst, öffnet es sich bereitwillig und macht den Weg frei zu weiterführenden Informationen.

Sende deinem Gegenüber nun ein innerliches „Hallo" zu. Unmittelbar darauf wirst du als zartes, magnetähnliches Berührt-Werden das Echo auf deinen Ruf vernehmen. Dies ist eine erste Reaktion deines Gesprächspartners. Es ist seine

Antwort auf dein „Hallo". Jetzt weitest du deine Aura und mit ihr deine Aufmerksamkeit aus, bis diese ihrerseits den Gegenstand berührt, ja, ihn sogar umhüllt, und tauchst in dessen Energiefeld ein. Dies geschieht ganz leicht – der Vorgang wird einzig durch deinen Wunsch, deine Intention in Gang gesetzt.

Empfange nun in einer Art entspannter Aufmerksamkeit alles, was dir an Worten, Bildern und Empfindungen zufliesst. Halte dich bei keinem dieser Eindrücke auf, sondern lasse dich umströmen und tragen vom Fluss des Geschehens. Wenn du etwas geübter geworden bist, wirst du konkrete Fragen stellen und die Antwort deines Gesprächspartners verstehen können. Verebben die Botschaften, bedanke dich bei deinem Gesprächspartner und kehre bewusst zurück in deinen Körper und in den Raum, zurück ins Hier und Jetzt. Wenn du magst, kannst du die wichtigsten Erkenntnisse aufschreiben. Bevor sich das Tor zum unbewussten Pool des Wissens wieder schliesst, notiere zügig die empfangenen Eindrücke – darüber nachdenken und reflektieren kannst du später.

Was hat dich besonders berührt, irritiert oder überrascht?

Womit kannst du momentan einfach gar nichts anfangen?

Welches ist das eindrücklichste Aha-Erlebnis aus deinem Dialog mit der Materie?

Was nimmt Bezug auf deine aktuelle Situation oder auf eine Herausforderung, die dich zurzeit beschäftigt?

Welche Fragen stimulieren dein Gehirn und regen dich zu weiteren Beobachtungen und Forschungen an?

Du hast eine andere Ebene, eine neue Sichtweise erleben dürfen, die dir künftig als Inspiration dienen kann. Die gezeigten Betrachtungs- und Handlungsmöglichkeiten erweitern dein Repertoire und eröffnen dir ein immer umfassenderes Feld der Lebensfreude und Lebenslust. Du wirst zur Sammlerin unterschiedlichster Szenarien, du wirst zum Dirigenten des Variationsreichtums und erhältst immer tiefere und zahlreichere Einblicke in die schier unerschöpflichen Spielarten des Universums. Was Wunder, wenn dadurch deine Toleranz und deine Phantasie Nahrung erhalten und du zunehmend kreativ deinen Alltag handhabst.

EINBILDUNG ODER WAHRHEIT?

Diese Frage wirst du dir immer wieder stellen können. Entstammen die Botschaften, die du zu empfangen meinst nun deiner Phantasie oder sind es originale Antworten anderer Daseinsformen?

Nun, abschliessend kann ich dir darauf keine Antwort geben. Naturgemäss wirst du sämtliche Begebenheiten von deinem Standpunkt aus empfinden und beurteilen, da du alles durch die Brille deiner bisherigen Erfahrungen wahrnimmst. Du kannst gar nicht anders. Das, wofür du keinen Raster hast, bleibt dir weitgehend entzogen.

Dies gilt für die „Realität" ebenso wie für deine geistigen Wahrnehmungen. Du beobachtest mehrheitlich das, was zu deinen Glaubenssätzen und in deine Beziehungsmuster passt. Allzu Fremdes blendest du aus Selbstschutz tunlichst aus, um Irritationen zu vermeiden. Insofern gestaltest du tatsächlich deine „Welt" und auch die Antworten deiner Gesprächspartner (hier die Vertreter der Materie) massgeblich mit. Du modellierst dadurch sozusagen die Wirklichkeit. Quantenphysikalisch betrachtet, kollabiert die Welle bevorzugt in **der** Weise, die du am Ehesten erwartest.

Diesen Vorgang jedoch als blossen Selbstbetrug abzutun wäre zu kleinlich. Denn schliesslich bist du nicht nur dieses kleine Menschlein, als das du dich einschätzt, sondern eben auch Teil des Hologramms und damit TrägerIn des gesamten, verfügbaren Wissens, auch wenn dieses deiner bewussten Wahrnehmung momentan noch mehrheitlich unzugänglich ist. Dein Dialog mit der Materie vermag nun möglicherweise deine Position solchermassen zu verändern, dass dir die Tür zu einer anderen Ebene und einer neuen Erfahrung einen Spaltbreit geöffnet wird und du mit zusätzlichen Erkenntnissen beschenkt wirst.

Ich kann nicht beurteilen, ob diese einzig deinem Unterbewussten entstammen oder ob du Eingang in neue Welten gefunden hast – oder ob das Eine identisch ist mit dem Anderen. Es ist letztlich auch egal, weil jede der drei Varianten gleichermassen spannend und erstrebenswert ist.

Selbst wenn wir bei unseren Erlebnissen mit dem sinnlichen Universum zum Schluss kommen, sie seien reine Phantasie, haben wir gewonnen: Unsere Vorstellungskraft ist uns originär zu Eigen. Sie ist die Brücke zwischen Innen und Aussen, sie ist die Vermittlerin zwischen Psyche und Welt. Je geübter, beweglicher und freier unsere Imagination wird, desto reicher und wertvoller ist sie als unsere Ressource. Sie ist die Schatzkiste unserer Kreativität. Denn Imagination ist der ideale Fundus für Lösungsansätze, für Ideen und Entwicklungen. Und sie ist die Energie, die uns Lebenskraft und – Freude vermittelt und uns beweglich hält.

Imagination setzt uns keine Grenzen. Wir können uns

nachts die Sonne vorstellen, wir können in der Wüste von Wasser träumen, wir können mit unseren Körperzellen ins Gespräch kommen und uns mit ihnen über Vitalität und Gesundheit unterhalten.

Imagination ist zudem absolut sinnlich, denn sie bezieht sämtliche Sinne mit ein – in der Vorstellung sehen, hören, schmecken, riechen, spüren wir und erleben uns dadurch als wache, präsente Wesen. Durch unsere Sinne erschliessen wir uns die Welt und werden durch sie von ihr berührt. So tief und innig, dass unser Körper auf imaginierte Bilder so reagiert, als passierten sie real.

Du siehst, es gibt sicherlich einige gute, rationale Gründe, sich dem Gespräch mit der Materie zu verweigern – aber es gibt tausend Herzensgründe, sich mit diesem Abenteuer zu beschenken. Lasse die Materie deine Freundin und weise Lehrmeisterin werden. Freue dich darüber, dass ihr einander treue Weggefährten seid.

Ich wünsche dir spannende Erfahrungen mit deiner plötzlichen Medialität und freudvolle, inspirierende Begegnungen mit der Materie.

TEIL 2
MEDITATIV-MEDIALE BEGEGNUNGEN

EINSTIMMUNG

Du suchst dir einen gemütlichen Ort, an welchem du ungestört verweilen kannst. Durch entspanntes, ruhiges Atmen und das Gewahrwerden deines Körpers bringst du dich in eine angenehme, aufnahmefähige Stimmung. Unternimm beispielsweise eine beobachtende Reise durch deinen Körper und fühle helle und dunklere, angespannte und gelöste, eventuell schmerzende, aber auch wohlige Stellen, ohne diese verändern zu wollen.

Ruhe einfach in dir, lasse dich in dir nieder, so, als ob dein Körper deine Heimat wäre, denn das ist er momentan.

Spüre die Weichheit des Sessels, Sofas oder Bettes, auf welchem du dich gerade befindest, und die kuscheligen Kissen und Decken, mit denen du es dir so bequem wie möglichst machst. Je geborgener du dich fühlst, desto offener bist du und desto leichter kannst du deine mediale Entdeckungsreise geniessen. Das heimatlich Bekannte und das Neue, Ungewohnte dürfen sich nun entspannt und freundlich begegnen.

Als Einstimmung liest du die Texte im Buch. Nach und nach wirst du dir wünschen und zutrauen, selbst die Botschaften deines Gegenübers zu erlauschen.

BEGEGNUNG 1
SAND - FLEXIBILITÄT

Du gehst einen sonnenbeschienen Strand entlang. Deine Füsse versinken bei jedem Schritt in der weichen, warmen Unterlage und die Körnchen rieseln leise durch deine Zehen. Mit Blick aufs türkisblaue Meer setzt du dich an einem besonders schönen Platz hin, lässt dich heimatlich nieder und rückst deinen Po behaglich zurecht. Obwohl du weich sitzt, gelingt es dir mühelos, deinen Rücken aufrecht zu halten.

Wie eine entspannte Königin thronst du gelassen inmitten deines Reiches und schaust in die Weite. Du bist in Sicherheit und fühlst dich wohl. Du hörst das Rauschen der Wellen und das leise Säuseln des Windes. Geborgenheit und Unendlichkeit umarmen sich und werden zur Selbstverständlichkeit für dich in diesem Moment. Jetzt schliesst du die Augen und geniesst die Wärme der Sonne auf deiner Haut. Grabe nun deine Hände sanft in den Sand unter dir und fühle dessen Nachgiebigkeit und Lockerheit. Lass eine Handvoll Sandkörner von der einen in die andere Hand rieseln, immer wieder, leicht und spielerisch. Stell dir danach vor, dass dein Körper von ebendiesem warmen, lockeren Sand durchrieselt wird. Von Kopf bis Fuss nimmst du die zarte, leise Bewegung wahr und gibst dich ihr hin.

Angesichts der Beweglichkeit des warmen Sandes, kannst

du ihn nach Belieben hierhin und dorthin blasen. Schon die Kraft deiner Gedanken reicht aus, um bedürftigere Körperstellen mit lockerer Rieselenergie aufzufüllen oder gestaute, blockierte Stellen mit Leichtigkeit aufzulösen. Du spielst mit kindlicher Unbeschwertheit und modellierst mit Freude, was du schön und angenehm findest. Du formst von innen heraus mit zärtlichen Fingerspitzen deine Energieströme und deine Konturen. Alles ist warmer, lockerer Sand. Alles ist Spiel und Leichtigkeit. Das Wesen des Sandes ist auch Teil deines Wesens. Das kleine Feine ebenso wie dessen Urkräfte. Denn auch wenn ein Sandkorn dir winzig und unbedeutend erscheinen mag, trägt es doch die Erfahrung und die Kraft des Berges in sich, dessen Teil es früher einmal gewesen ist.

Lasse dich beschenken. Lasse dir von ihm die Geschichte des ewigen Wandels erzählen, vom Bersten, Zerbrechen, Zerbröseln des Grossen, Stabilen; vom immer Feiner-und Geschmeidiger-Werden, von der Entwicklung des Trägen hin zur Bewegung. Du kannst die Bilder dieser Geschehnisse innerlich sehen und deren Kraft fühlen. Dabei erkennst du, dass sowohl das Zentrale, wie auch das Dezentrale, das Einheitliche wie auch das Zerstreute seinen Reiz und seine Berechtigung hat. Weder auf den Berg noch auf den Sand möchte das Universum verzichten, und es sträubt sich auch nicht gegen Veränderungen und Verwandlungen. So darfst auch du einmal unverrückbar an deinem Standpunkt festhalten und ein anderes Mal locker flockig über deinen

Schatten springen. Der Sand überbringt dir die Botschaft der Flexibilität und diese ist weiter gefasst, als wir allgemein annehmen mögen. Denn vom zarten Rieseln einzelner Körner bis zur vernichtenden, erstickenden Urkraft eines Sandsturms weiss der Sand zu berichten und erkennt sich in dir und in deinem emotionalen Variantenreichtum durchaus wieder. Bereise mit dem Sand die unterschiedlichen Intensitäten und Kräfte deiner Gefühle und anerkenne deren Wandlungsfähigkeit. Verschiebe deine Frustration dünengleich hin zu Seelenfrieden und umgekehrt. Wandle Wucht und Wut zu konstruktiver Tatkraft. Sammle und zerstreue. Bedecke und enthülle. Vor allem: Bewege. Bewege dich lustvoll sogar äonenweit, als ob du Sternstaub wärst oder ein bislang unentdeckter Planet im fernen All, ein Lebensraum, eine Möglichkeit, die keiner dir bekannten Regel unterworfen ist. Auch dies bist du – unendlich frei darin, dich neu zu formen und zu (er)finden.

Bringe nun dein Bewusstsein zurück an den Strand, und später durch Recken und Strecken deines Körpers zurück in den Raum, ins Hier und Jetzt. Behalte die Botschaft der Flexibilität in deinem Bewusstsein und trachte danach, sie im Alltag zu erkennen.

BEGEGNUNG 2
ERDEBEERE – TALENTE

Du gehst durch einen Garten, der von einer Bruchsteinmauer umgeben ist. Durch eine kleine Holztür bist du eingetreten und findest dich nun in einem wonnevollen, zauberhaften, stillen Paradies wieder, welches im Licht und Schattenspiel badet. Deine Augen laben sich an der Palette sämtlicher Grüntöne; vom hellsten, zartesten Frühlingsgrün bis zum bedächtigen, konzentrierten Tannengrün kannst du jede Abstufung und Intensität dieser Farbe entdecken. Überall wachsen und spriessen freudig und üppig die Pflanzen und recken dir ihre Triebe und Blätter entgegen. Der Morgen hat sie zusätzlich mit Tautropfen geschmückt, welche verheissungsvoll glitzern und dich entzücken. Du kannst dich kaum satt sehen an diesem Bild der Fülle.

Du bückst dich und erblickst zu deinen Füssen eine Erdbeerpflanze mit zierlichen weissen Blüten. Sorgsam kniest du dich neben sie und versinkst in ihrem Anblick. Zu deinem Erstaunen kannst du beobachten, wie sich die Blüte innert kürzester Zeit in eine winzige, farblose Beere verwandelt, die sich daraufhin allmählich rot färbt. Immer kräftiger wird die Farbe, geradezu leuchtend und zum Anbeissen schön. Du entdeckst beim näheren Hinsehen, dass die nun reife, grosse, pralle Beere übersät ist von unzähligen Punkten. Dies sind Samen. Jeder einzelne von ihnen kann zu einer neuen Erdbeerpflanze heranwachsen, welche ihrerseits wieder Blüten und Beeren hervorbringen wird. Jeder einzelne trägt die Lebenskraft dafür in sich, ebenso wie das Bild seiner Vollendung. Auf geheimnisvolle Art übermittelt dir die Erdbeere ihre Botschaft. Auch du selbst trägst ungezählte Samen in dir: Ideen, Talente, Gefühle, Träume und 100 Billionen Zellen, die dir ständig zuhören und deine Anweisungen befolgen. Alles, was du äusserst und sämtliche deiner Gedanken und Selbstgespräche sind richtungsweisend und kreierend. Du bist eine pralle, lebendige Frucht, die täglich, ja stündlich, Impulse in die Welt hinein gibt. Mit jedem Atemzug, jeder Handlung, jedem Schritt regst du das Universum zu einer Reaktion an und initiieren eine Weiterentwicklung des Geschehens.

Du bist eine Frucht, die ihre Samen lebenslang grosszügig aussät. Einige werden auf förderliche Verhältnisse treffen, einige auf steinigen Grund fallen – weder das eine noch das andere mindert dein Sein. Fühle die Reichhaltigkeit und Vielfalt, die du verkörperst und spüre in die Samen hinein, die du in dir trägst. Es wird einige geben, denen du bislang noch keine Beachtung geschenkt hast und die du nun wirst würdigen können. Richte deinen Fokus auf deine Talente, nähre sie und lass sie gedeihen. Blühe auf und trage Frucht.

Der Mensch wird über seine Stärken geheilt – so auch du. Beachte und schätze all das Gute, Intensive, Bewegende, Umsorgende, Liebevolle, das du zu sein imstande bist, aber auch das Zarte, Zögerliche, Kritisierende, Bremsende hat seine Berechtigung als Facette des Ganzen. Vielleicht ist gerade ein Verhalten, dessen du dich schämst, das exakt Richtige und Notwendige, um einen sinnvollen Prozess in Gang zu setzen. Vielleicht ist grade ein verrückter, unrealistischer Wunsch die Triebfeder für eine Neuentdeckung deiner selbst. Denn jeder Wunsch hat schöpferische Absichten und will deine Erlebniswelt erweitern. Ignoriere nicht dein Unbehagen, aber fokussiere auf das, was dir Freude bereitet. Freude ist eine wunderbare Wegbereiterin: Sie macht dich leicht und beschwingt und hilft dir, dich selbst zu umarmen.

Lasse dein Bewusstsein danach in den Garten und später in deinen Körper im Hier und Jetzt zurückkehren, indem du dich sachte räkelst und tief atmest, indem du dich saftig, prall und lebendig fühlst.

BEGEGNUNG 3
KAKTUS – ABGRENZUNG

Du hast in der Wüste diesen Kaktus entdeckt. Das einzige Grün weit und breit. Wie eine seltsame Skulptur steht er vor dir, über und über mit Stacheln bedeckt, abweisend und starr. Nie würdest du ihn freiwillig berühren und doch erkennst du, wenn du eine Weile innehältst, in ihm auch dich selbst. Denn es hat schon Momente gegeben, in denen du stachelig gestimmt warst und das überwältigende Gefühl hattest, dich schützen zu müssen. Du warst zumindest reserviert, vielleicht sogar abweisend und es fiel dir schwer, Nähe zu ertragen. Möglicherweise hattest du wegen deiner Unzugänglichkeit ein schlechtes Gewissen und hast dich lieblos gescholten. Würdest du dies einem Kaktus auch vorwerfen? Oder kannst du ihn als einen Ausdruck des Lebens betrachten, der sein darf?

Durchdringe jetzt in deiner Vorstellung seine stachelbewehrte Hülle. Du gelangst ohne grosse Mühe in sein Inneres, welches weich, saftig und erstaunlich hell ist. Elastische Fasern bilden eine lockere, geschmeidige Zellstruktur, welche durch die Originalität ihrer Formensprache und ihren beinahe künstlerischen Schwung begeistern. Du findest zu deiner grossen Überraschung nichts Eckiges, Kantiges, Schroffes im Innern dieser Pflanze. Bogen, Rundungen, ineinandergreifende, sich umarmende Wellenbewegungen prägen das Bild und verheissen wortlose Kommunikation und Fliessen. Hier ist die Feuchtigkeit gespeichert, die der Kaktus für sein Überleben in trockenen Zeiten benötigt. Hier, im Geheimen, sprudelt die Quelle seiner Kraft. Hier sind die Bereitschaft und das Vermögen verankert, sich auszutauschen.

Beeindruckend sind die Fülle, die Hingabe und die Kompetenz zu nähren, welche unter dem abschreckenden Panzer verborgen liegen, nicht wahr? Wie herrlich ist es doch, sich in die Transparenz dieser wasserhaltigen, kommunikationsbereiten Zellen, die Geschmeidigkeit des Gewebes und den Glanz der flinken, wachen Wassermoleküle hineinzubegeben. Sie alle wispern und gurgeln den Gesang des Lebens und sind willens, sich zu verschenken.

Unabhängig von seiner äusseren, starren Erscheinung, ist der Kaktus innerlich beweglich, weich und hell. Wenn du dich das nächste Mal wie eine Sukkulente fühlst, erinnere dich an die eben gemachte Erfahrung deiner Reise ins Innere des Kaktus und rufe dir diese Bilder in Erinnerung.

Bedanke dich und kehre gemächlich zurück in deinen menschlichen Körper, indem du dich reckst und streckst und aktiv atmest. Fühle gleichermassen feste Struktur und geschmeidiges Fliessen in dir und geniesse beides.

BEGEGNUNG 4
BACKSTEIN - STABILITÄT

Auf einer Baustelle hast du einen Backstein liegen sehen, einen rötlichen, porösen, behäbigen Kerl. Mache dir nun sein Aussehen nochmals präsent. Siehe seine blockförmige Gestalt vor dir und folge mit deinem inneren Auge seinen geraden Linien. Bemerke auch die Löcher, welche seinen Leib in regelmässigen Abständen durchqueren. Und fühle die raue Oberfläche seiner tönernen Haut, die unbewegliche Schwere seiner Präsenz.

Bereits durch dein dich Beschäftigen mit seiner äusseren Erscheinung wird eine gewisse Ruhe über dich kommen. Der Backstein hat es nämlich nie eilig. Seine Stärke ist die Beharrlichkeit. Dort wo er platziert worden ist, bleibt er getreulich und hält die Stellung. Für ihn gibt es diesbezüglich kein Wanken und Zweifeln. Auch Eifern und Streben liegen ihm fern. Er ist geformt aus Material, das stets tief in der Erde gewartet hat, geduldig und zäh. Jahrhunderte lang. Jahrtausende vielleicht gar.

Ausdauer ist dadurch zu seiner Natur geworden. Ebenso wie unhinterfragtes Sein. Er ist zudem durchs Feuer gegangen – unerschütterlich, wie es seiner Art entspricht – hat er sich in seine neue, vom Menschen definierte Form ergeben. So wie er vorher Teil eines grossen Ganzen gewesen ist, wird er jetzt wieder zum Bestandteil einer grösseren

Form sein.
Begib dich hinein in seine Ruhe und Unerschütterlichkeit. Werde selbst zum Backstein. Mach mal Pause von Hektik und Betriebsamkeit. Nimm Abstand vom Wollen. Sei behäbig, schwer und unbeweglich. Halte still. Sei. Fühle neben dir, oben und unten, die anderen Backsteine, die sich partnerschaftlich und ohne jeglichen persönlichen Ehrgeiz aneinander reihen gemäss eines ihnen unbekannten Planes. Die Gesamtheit des Gebäudes, das du mitgestaltest durch deinen Leib, vermagst du bloss zu erahnen – und bejahst es trotzdem ohne Vorbehalte. Erkennst du die Würde dieser Lebensweise? Kannst du dich in das Wesen des Backsteins hinein entspannen, jeden Muskel loslassen und das zielorientierte Streben für einen Moment vergessen? Kannst du der Zeit jedwede Relevanz absprechen, das Gestern und das Morgen ruhen lassen? Kannst du das blosse Sein als deine momentan einzige Verantwortung anerkennen? Erlebe, dass du bereits am Ziel bist. Jetzt. Verharre solange, wie es dir beliebt in diesem Zustand.

Verabschiede dich dann von dem Weisen, der aus der Tiefe und durchs Feuer zu dir gekommen ist, und kehre in deine menschliche Form zurück, indem du die Beweglichkeit deines Körpers geniesserisch erkundest. Du trägst die Unerschütterlichkeit des Backsteins in dir, seine Ruhe ist auch die deine. Ungeachtet aller äusserlichen Turbulenzen, gibt es einen schweigenden, beobachtenden, stillen Teil in dir, welcher „Ja" sagt zu dem, was ist.

BEGEGNUNG 5
SCHWARZ – INTENSITÄT

Schliesse deine Augen und begib dich hinein in das Schwarz, das du hinter deinen Lidern antriffst. Tiefes, sattes, unergründliches Schwarz, das alles, was zuvor Form, Farbe oder Bewegung gewesen ist, verschluckt. Samtenes, stilles Meer der Nacht, welches deinen Respekt erheischt, dich erfüllt und umhüllt. Erlaube diesem Schwarz, sich auszudehnen. Atme dieses Schwarz, dieses Nichts. Sei dieses Schwarz, dieses Nichts und werde gewahr, wie deine Körperkontur, ja die gesamte Körperstruktur sich nach und nach aufzulösen beginnt und sich Weite ausbreitet.

Deine Haut dehnt sich und wird allmählich zur Hülle des Universums, auf welcher Gestirne ihre glitzernden Bahnen ziehen. Der Horizont schiebt sich von deinem Gewahrsein weg, wird ferner und ferner und verschwindet in der Endlosigkeit, während dein Bewusstsein ozeanische Dimensionen annimmt.

Möglicherweise überkommt dich jetzt Angst. Du befürchtest, du könntest dich verlieren in diesem All des Nichts und nie mehr zurückfinden zu deiner bekannten Existenz. Deine Gedanken suchen hektisch nach einer vertrauten Form der Stabilität, an der sie sich festhalten könnten. Doch gleichzeitig willst du heute eine neue Erfahrung machen und schreckst nicht zurück. Du lässt dich hineinfallen in dieses

Schwarz, ins Nichts, als ob du aus einem Flugzeug springen und zu deinem ersten Fallschirmsprung aufbrechen würdest. Du überlässt dich diesem Erlebnis, das sogleich eine noch nie erlebte Intensität anzunehmen beginnt. Eine Intensität, die dir vielleicht von Momenten tiefsten Schmerzes, Freude, Trauer, Liebe oder Wut annähernd bekannt ist, die dich jetzt jedoch als Schock und in absoluter, unausweichlicher, ausschliesslicher Totalität erfasst.

Ausser dieser Energie, Teil deren Flutens du jetzt bist, gibt es nichts mehr. Du bist eins mit dem Nichts. Du bist hinauskatapultiert worden aus deinem Namen, deiner Biographie, deinem üblichen Körperempfinden. Selbst deine Gedanken lösen sich auf. Desgleichen löst sich deine Ich-Definierung auf und stirbt. Die reine Wahrnehmung des ursprünglichen Seins ist unbeschreiblich. Zeit und Raum werden unerheblich, die Erinnerungen an dich und dein Leben sind ferne Staubkörner oder kaum sichtbare Schatten, und du entdeckst im selben Augenblick, in welchem du der Unendlichkeit gewahr wirst: du bist alles. Jenseits der Angst und der Verwirrung, jenseits der Hektik und des Bemühens, jenseits des Schmerzes bist du im Mittelpunkt der brausenden Stille angekommen und erkennst sie als Heimat.

Mit dem Erlöschen aller sonst üblichen Reize, blüht die universelle Weisheit und Kreativität auf, denn sie hat nun endlich den Raum, den sie benötigt, um sich zu zeigen. Dieser Raum lässt jegliche Definitionen, Schranken und Hindernis se unbedeutend erscheinen, denn dieser Raum ist grösser als jedes Problem und beherbergt alles, was du je brauchen wirst. Dieser Raum bist du. Und du bist in ihm.

Du kannst solange im Schwarz verweilen, wie du möchtest. Hier ruht das gesamte Potenzial. Hier ist die Geburtsstätte aller Erscheinungen und Möglichkeiten – im Herzen des Nichts, im Kern Gottes.

Dein Atem hat dich auch während deiner Reise ins Nichts mit dem Hier und Jetzt verbunden gehalten. Wenn du dich nun auf eben diesen Atem konzentrierst und ihn sachte intensivierst, kannst du auf seiner Bahn zurück in den Körper und in die Struktur gelangen. Berühre, streichle und massiere leicht deinen Körper, um gänzlich wieder heim zu finden in die Materie. Dann öffne die Augen und schau dich um. Herzlich Willkommen in der vielfältigen Welt der Ausdrucksformen des einen Geistes.

BEGEGNUNG 6
MYCEL -VERBUNDENHEIT

Du wanderst durch den Wald, leise rascheln trockene Blätter und knacken dürre Ästchen unter deinen Schritten. Der Duft von Harz und Moos erfreut deine Nase. Zwischen den wunderbar verschiedenartig strukturierten und gefärbten Stämmen der mächtigen Bäume suchst du dir einen Platz, an welchem du dich hinsetzen kannst. Still sinkst du zu Boden und betrachtest deine Umgebung. Unter dem Laubteppich spürst du das lockere, federnde Erdreich, siehst die dunkle krümelige Erde. In Gedanken lässt du dich nun einsinken in den Boden unter dir.

Jede Zelle deines Körpers erhält jetzt die Fähigkeit, in der Dunkelheit zu sehen und schaut sich um in diesem unbekannten Wunderland. Eine Vielzahl kleiner und winziger Lebewesen bevölkert deine Umgebung und beeindruckt dich durch ihr unablässiges Tätigsein unter Tage. Beflissen gehen Käfer, Würmer und Larven ihrer Wege.

Dann entdeckst du inmitten des Geschehens ein überaus zartes, fragiles Geflecht, welches sich netzartig und kreisförmig ausgebreitet hat. Seidendünne Fädchen glitzern in der Dunkelheit und vervielfältigen sich fortlaufend. Du beobachtest eine Vielzahl von Impulsen, die mikrokleinen Funken gleich, entlang des Geflechtes weiter gereicht werden. Irgendwann gelangen sie an die Peripherie dieses Licht-

Netz-Kosmos`, sammeln sich, stauen sich, bilden eine Frucht und erscheinen schliesslich als Pilze auf der Erdoberfläche. Lange, lange Zeit bleiben die Existenz und das Wirken des Mycels in der sichtbaren Welt unentdeckbar, obwohl es eifrig seine Fäden flicht und sich, ungeachtet aller Hindernisse, unablässig ausbreitet.

Ähnliches erlebst du vielleicht manchmal auf frustrierende Weise auch in deinem Alltag. Du möchtest zuweilen beinahe verzweifeln, wenn dein Bemühen, in der Realität sichtbare, bemerkenswerte Spuren zu hinterlassen, ohne Erfolg zu bleiben scheint, wenn du deinen Herzenswunsch nicht zu realisieren vermagst. Manchmal verlierst du deswegen möglicherweise zeitweise den Antrieb, dich weiter anzustrengen, die inneren Widerstände und die äusseren Hürden zu überwinden, um deine Träume zu verwirklichen.

Doch das Lichtnetz, welchem du mit deinen Gedanken, Handlungen und Impulsen eine unverwechselbare Charakteristik verleihst, besteht und wirkt tatsächlich. Du bist durch dieses Netz verbunden mit dem ganzen Sein, mit Menschen, Geschehnissen, Gegenständen und natürlich mit deinen Visionen und Träumen. Nähre das Netz weiterhin mit deiner Freude, deiner Hingabe, deiner Liebe zu den dir wichtigen Themen. Es wird nicht umhin können, die entsprechenden Früchte hervorzubringen. Wenn du momentan noch keine Resultate erkennen kannst, vertraue diesem Geflecht im unsichtbaren Raum und labe dich derweil am

Bild des Mycels unter dem Waldboden. Ringförmig breitet es sich in aller Stille aus….

Kehre danach bedächtig zurück in deine Gegenwart, indem du die Energie des Mycels einsammelst und in deinem Unterleib birgst. Atme bewusst. Rege und bewege deinen Körper. Öffne deine Augen und schaue, ob du das Funkeln und Wirken des Mycels auch in deiner normalen Welt erkennen kannst. Manchmal sind es bloss mikrokleine Impulse, die dir bestätigen, dass alles auf gutem Weg ist.

BEGEGNUNG 7
SCHWAMM - SÄTTIGUNG

Erinnere dich an deine Schulzeit zurück. An den hellbraunen Schwamm, der stets nahe der Wandtafel platziert war. Ein knuddeliges, rundes Ding. In trockenem Zustand hart und scheinbar stabil, mit Wasser übergossen jedoch weich und nachgiebig. Sicherlich durftest auch du manchmal die Tafel damit wischen und warst stolz darauf, dass dir diese Arbeit anvertraut worden war. Heute nun kannst du selbst zum Schwamm werden.

Du schlüpfst in deiner Vorstellung in ihn hinein und übernimmst seine amorphe Form. Wie er, verzichtest du auf Hirn, Muskeln, Organe und Nerven. Du bist nur noch ein poröses, rundliches Gebilde mit unzähligen Löchern und Höhlungen. Als du noch im Meer lebtest, spülte das Salzwasser die Nahrung direkt in dich hinein, in alle Kanäle deines Leibes. Aber auch jetzt, da keine lebende Zelle mehr in dir ist, verstehst du dich auf die Kunst des Hinnehmens. Sogar mehr denn je.

Deine Struktur reagiert auf Flüssigkeit noch immer, indem sie weich und geschmeidig wird und sich vollzusaugen beginnt mit dem Dargebotenen. Du saugst und saugst und füllst dein Gewebe mit dem Vielfachen deines Eigengewichtes. Du fürchtest dich nicht davor, einer anderen Substanz mehr Raum zu geben als deinem eigenen Körper. Deine

Struktur bleibt zwar erhalten, doch der Inhalt ist neu. Du fühlst das Wasser durch dich hindurch und in dich hinein strömen, bis es innerhalb deines Umrisses stehen bleibt als Sinnbild der totalen Fülle. Vollgesogene Freude ist dir nun sicher. Geniesse sie. Du bist beinahe ganz und gar zu dem geworden, was in dich geflossen ist.

Insbesondere, wenn du auswählen kannst, was du in dich aufnehmen möchtest, ziere dich nicht, sei unbescheiden. Scheue dich nicht vor der Begeisterung für etwas oder jemanden. Diese Begeisterung mag kindlich und naiv wirken, sie mag verpönt sein in einer Welt, die taktisches Vorgehen idealisiert, aber sie ist die Allee zum tiefen Empfinden eines Zustandes oder einer Fähigkeit.

Die gefühlsmässige Identifikation mit einem Ideal bringt dir dieses Ideal näher als die intellektuelle Beschäftigung damit. Natürlich birgt die totale Hingabe an Begeisterung und Bewunderung die Gefahr des Selbstverlustes. Aber keine Bange, das Leben oder deine Seele holen dich zum richtigen Zeitpunkt wieder zurück. Mag sein, dass du diesen Vorgang wie eine Ohrfeige und als Beschämung empfindest, trotzdem hat sich das vorangegangene Auffüllen deines „Tanks" gelohnt. Dieses Reservoir bleibt dir erhalten und du kannst nach Belieben damit arbeiten. Das Risiko der Hingabe lohnt sich also auf jeden Fall.

Das Verehren deines Idols, deines Gurus, deines Vorbildes

bildet eine Daten-Autobahn, die dir zuträgt, was du wissen, empfinden, innerlich erleben möchtest.

Wenn du dich satt gefühlt hast an der Sattheit, kehre zurück in deinen menschlichen Körper und beginne zu forschen: nach welchen Dingen, Tätigkeiten und Zuständen hungert es dich noch? Woran möchtest du dich sattfühlen? Welchen Mangel in Fülle verwandeln?

Das Erlebnis mit dem Schwamm hilft dir dabei. Gemäss der modernen Hirnforschung unterscheidet dein Gehirn nämlich nicht zwischen real Erlebtem und innerlich Geschautem. Mit Hilfe dieser Meditation kannst du dich der Fülle spielerisch nähern und deren Gegenwart üben. Ob Schönheit, Weisheit, Gelassenheit oder Übermut , ob neue Fertigkeiten, neues Wissen oder neue Ideen – wenn du ein Vorbild dafür finden kannst, deine volle Aufmerksamkeit darauf richtest und die gewünschte Energie in dich aufnimmst, dann wird dir der Erwerb des ersehnten Zustandes leichter fallen. Schon Kinder lernen auf diese Weise wesentliche Dinge, indem sie sich ganz und gar auf das Beobachtete einlassen und sich so dessen Energie annähern und sich davon erfüllen lassen.

BEGEGNUNG 8
WOLKE - DURCHLÄSSIGKEIT

Schaue zum Himmel und betrachte das Spiel der Wolken. Sie schweben und tänzeln rund um den Planeten mit beneidenswerter Leichtigkeit. Sie lassen sich treiben ohne irgendwo anzuhaften und überlassen sich bereitwillig der Dynamik des Windes.

Werde nun auch du zur Wolke, indem du die Festigkeit deines menschlichen Körpers für einen Moment vergisst und dir bewusst machst, dass nur ein winziger Bruchteil deines Leibes tatsächlich Materie ist – zur Mehrheit bestehst du nämlich aus Energie. Flexible, bewegliche, lebendige Partikel bilden das, was du als deine Erscheinung jeweils im Spiegel sehen kannst. Vergleichbar mit der Wolke, welche sich aus unzähligen Feuchtigkeitströpfchen bildet. Schliesse die Augen und richte deine Aufmerksamkeit jetzt auf die Zwischenräume zwischen diesen Partikeln. Lasse sie allmählich weiter werden, dann wird sich das herrlich wolkige Gefühl einstellen, das dir möglicherweise aufgrund deiner Beflissenheit und deinen Bestrebungen, dich im Alltag zu bewähren, zeitweise abhanden gekommen ist.

Sich bemühen, sich zusammenreissen, sich verteidigen verfestigt dich und dein Energiefeld. Sämtliche dieser fröhlich umhersausenden Energie-Teilchen rotten sich zu deinem Schutz zusammen, was dann bewirken kann, dass du dich eng, beklemmt, verkrampft und atemlos zu fühlen bginnst.. Ein Zustand, der dich auf die Dauer wenig beglücken dürfte.

Deswegen gib deinem Energiefeld heute die Chance, sich locker zu machen, lasse dich treiben und tragen, sei leicht und unbestimmt wie eine Wolke und lasse Dich hierhin und dorthin wehen. Ob Berg oder Baum, Haus oder Turm in deiner Bahn stehen, ist unwichtig – du lässt sie durch dich hindurch passieren, ohne selbst verletzt oder behindert zu werden. Denn du bist jetzt die personifizierte Durchlässigkeit. Weder Kampf noch Widerstand begegnen dir. Du bist völlig entspannt und fühlst dich leicht und frei. Anstrengungslos ziehst du deiner Wege und lässt dich davon überraschen, wohin der Wind dich wohl treiben will. Dabei magst du Orte und Themen entdecken, die dich faszinieren, denen du dich bisher als Mensch jedoch nicht zu nähern gewagt hast. Als Wolke bist du keinen eingefahrenen Geleisen verpflichtet, nichts und niemand kann dich binden – du bist frei.

Betrachte als Wolke von oben und aus dem Status der Leichtigkeit Situationen in deinem Leben, die dich manchmal einengen oder blockieren und lasse Tropfen der Leichtigkeit und Durchlässigkeit in diese hineinfallen. Auch auf beteiligte Personen könnte dieser Regen der Widerstanslosigkeit wohltuende, entspannende Auswirkungen haben, denn auch wenn das Wolken-Erlebnis sich „nur" in deiner Vorstellung abspielt, vermag sein Echo in deine Realität hinein zu klingen.

Möglicherweise gelingt es dir künftig auch zur Wolke zu werden, wenn du dich in bedrängenden Situationen wiederfindest. Indem du dich leicht und weit machst, lässt du Lärm und Hektik einfach durch dich hindurch ziehen, ohne dich dagegen zu wehren und ohne dich dadurch zu verkrampfen. Als Wolke bleibt dir Konfrontation nämlich erspart. Sehr gut kannst du das üben, wenn du dich in einer grösseren Menschenmenge bewegst. Musst du also einmal in einem Bahnhof eine Wartezeit überbrücken, ist dies die ideale Gelegenheit, um dich als Wolke zu erproben und dich der Leichtigkeit hinzugeben.

Nimm das Wolkengefühl nun mit zurück in deinen Körper, atme und bewege dich sanft, während du ins Hier und Jetzt zurückfindest. Werde dir deiner Kontur und deiner Substanz bewusst, freue dich über deine Kraft und deine Struktur – wie hilfreich und nützlich sind doch auch sie im Alltag!

BEGEGNUNG 9
HIMMEL – VÄTERLICHES PRINZIP

Du gehst nach draussen und siehst über dir den weiten, lichten Himmel. Bisher hast du ihn vielleicht zwar schön gefunden, bist aber nicht in näheren Kontakt mit ihm getreten. Klar, du bist ja weder Vogel noch Engel, weder Wolke noch Wind, weder Sonne noch Mond, weder Regenbogen noch Stern. Heute jedoch wirst du den Himmel auf ganz persönliche Weise erleben können.

Setze dich gemütlich hin und mache dir die Gegenwart dieser machtvollen Dimension bewusst. Richte deine volle Aufmerksamkeit nach oben. Dies gelingt dir, selbst wenn du dich in einem Gebäude aufhältst. Sende dem Himmel deine Herzensstrahlen zu und warte auf Antwort. Du wirst die Reaktion körperlich spüren. Eine Art magnetisches Feld entsteht zwischen dir und dem Dach der Welt, diesem väterlichen Zelt, unter dem du seit deiner Geburt geborgen bist. Gib dir einige Minuten Zeit, um das magnetische Strömen intensiv wahrzunehmen. Geniesse es. Spüre seine Kraft und lasse sie in dich einströmen. Aktivierst du die Beziehung zum Himmel bewusst, lädt er dich ein, erlittene Entbehrungen zu heilen und dich an der himmlischen Kraft zu laben.

Vielleicht hast du dir als Kind und als heranwachsendes Wesen vergeblich mehr Zuwendung und Beachtung von deinem leiblichen Vater erhofft als du tatsächlich bekommen konntest. Hast aus diesem Mangel heraus eventuell gefolgert, dass du seiner Aufmerksamkeit gar nicht würdig seist. Und hast das Gefühl des Unwertseins mitgenommen in dein Erwachsenenleben. Hast an dir gezweifelt und dich selbst klein gemacht, indem du dich seither oft selbst kritisierst oder dich pausenlos abrackerst, um deinen Wert unter Beweis zu stellen. Bist du auf diese Weise zum Ziel gelangt und glücklich geworden oder ringst du noch immer um deine Integrität?

Dies kannst du nun ändern. Der Himmel selbst fordert dich nämlich dazu auf, ihm heute die Rolle des Vaters gänzlich zu übertragen. Ernenne das weite Gewölbe über dir zu deinem Schutzpatron, zu deinem Förderer. Fühle, wie der Himmel dich anstrahlt, dich wahrnimmt, dich schätzt und liebt und sich grosszügig und geduldig über dir wölbt. Fasse Mut unter seinem Blick und sage zu ihm: „Schaue mich an in meiner Schönheit, in meiner Grösse, in meiner Kraft und in meinem authentischen Sein". Sei erfüllt von der Gewissheit, dass dies tatsächlich geschieht. Du wirst wirklich freundlich und wohlwollend betrachtet und anerkannt, denn du **bist** schön und stark und einzigartig. Auch dann, wenn du das Wagnis eingehst, dich unkonventionell zu verhalten oder scheinbar zu scheitern.

Der Himmel fällt kein Urteil über dich, sondern strahlt dich an – Tag und Nacht. Solange die Welt existiert. Er breitet sich aus über dir und dem Raum, den du beanspruchst und bereist. Wo du bist, da ist auch er. Er greift nicht ein, sondern lässt dich gewähren. Du kannst dich austoben wie ein übermütiges Kind oder still in einer Ecke liegen. Den Himmel ficht das nicht an. Er bleibt dein Dach, wie auch immer du dich benimmst. Ihm bist du nie peinlich, du kannst ihn aber auch nicht beeindrucken mit deinen Heldentaten. Er wird nicht blauer, nur weil du nett und bescheiden tust. Er schmeisst nicht mit Blitz und Donner nach dir, wenn du fluchst und gemein bist. Obwohl er tausendmal alle menschlichen Regungen gesehen hat, rollt er sich nicht ein wie eine brüchige, müde Leinwand und überlässt uns unserem Schicksal. Nein, er ist bereit, sich alles nochmals tausend Jahre lang anzusehen. Insofern ist er grosszügig zu nennen, dieser Vater, und liebevoll.

Erneuere und bestätige die Beziehung zum Himmel einige Tage lang mithilfe der obgenannten Meditation oder deinen eigenen Gedanken, damit sich das betreffende neuronale Muster fest installiert und du dir jederzeit der unterstützenden Himmelskraft sicher sein kannst. Ist das Helle, Wohlwollende, Anerkennende, Freiheitliche, Himmlische dir zuteil geworden, wirst du es auch anderen Wesen zukommen lassen können und so den Zyklus der bestätigenden Liebe aktivieren und unterstützen. Du wirst selbst zum Himmel auf Erden werden.

BEGEGNUNG 10
ERDE – MÜTTERLICHES PRINZIP

Seit du auf deinen eigenen Füssen stehst, stehst du auch auf der Erde. Tag für Tag gehst du auf ihr, vermutlich meist, ohne dass dir dies wirklich bewusst ist. Nichtsdestotrotz trägt sie dich unbeirrt weiter und nährt dich mit ihren Früchten und ihrer Energie. Vermutlich deswegen wird die Erde in vielen Traditionen als das urmütterliche Prinzip erkannt und verehrt.

Wende dich ihr heute aufmerksam zu, indem du ihr deine Herzensstrahlen zusendest. Sofort wirst du das Echo deines Rufes zu spüren bekommen und merken, wie sich die Aura der Erde auszudehnen beginnt und, einer warmen Welle gleich, ansteigt und dich einhüllt. Zuerst erwärmen sich deine Füsse, danach die Beine und der Leib. Wenn du geduldig bist, wird das Fluten auch deinen Kopf erreichen. Gleichzeitig beginnt die Erde, ihre Kraft mit dir zu teilen. Eigentlich tut sie das immer, bloss entgeht es oft genug deiner Aufmerksamkeit.

Du bist jetzt eingeladen, deine Aufmerksamkeit Richtung Erdmitte einsinken zu lassen. Tiefer und tiefer tauchst du ein in die samtene Dimension deines Heimatplaneten. Wie lebendig, pulsierend und klingend ist der Leib der Erde, obwohl du doch bleierne Stille erwartet hattest und stumpfe Dunkelheit. Aber nein, Welle um Welle atmender Energie kreuzt deine Wege während du dem Kern zustrebst, um welchen sich alles dreht. Du willst zum Herzen deines Lebensraumes vordringen und dich darin verankern. Aus seiner Kraft erst schöpfst du den Mut für deine Entdeckungsreise. Feuer und Wasser, Stein und Kristall nicken dir in verschwörerischem Einverständnis zu. Eine Wesenheit schmiegt sich an die nächste und Licht verschmilzt mit Dunkelheit. Schemenhaft nimmst du wahr, dass Strukturen bereitwillig vom einen Zustand in den anderen schwappen. Mühelos wechselt Hart zu Flüssig, Heiss zu Starr, Klar zu Diffus – ein endloses, irritierendes Verwirrspiel der Substanzen, die sich so gar nicht festlegen lassen wollen in ihrem Dienst zum Wohle des Gesamten. Dein menschlicher Verstand kann das irisierende Geschehen nicht fassen und fragt sich in leichter Verzweiflung, ob denn gar nichts so verlässlich bleiben könne, wie es zu Beginn schien.

Doch, etwas bleibt gleich. Das Herz der Erde klopft rhythmisch und zuverlässig in ihrem Leib und ist heilend für jedes Wesen, das bereit ist, diesem Herzentakt zu lauschen. Wie das Universum, wächst auch die Erde, verändert sich ständig und erschafft permanent neue Gebiete und Möglichkeiten. Sie ist ein lebendiger, bewusster Organismus und als dieser daran interessiert, mit anderen Organismen zu kommunizieren. Wenn du dich auf sie einlässt, einschwingst, fällt dir das Paradoxon des gleichzeitigen Stabil-Bleibens, Veränderns und Ausdehnens leichter. Darin erkennst du dich als Tochter, Schwester und Verbündete der Erde und kannst dich ihr anvertrauen, wenn du nicht mehr weiter weisst. Denn letztlich ist die Erde das personalisierte, vorurteilsfreie JA zum Leben, das seine Arme weit ausbreitet und zu dir sagt: „Wer immer du jetzt in diesem Moment bist, sei willkommen." Sie lehrt dich, dies von ganzem Herzen auch zu dir selbst zu sagen.

Lasse das weibliche Prinzip jetzt geniesserisch auf dich wirken. Kuschle dich in seine Weichheit, auch wenn du dabei etwas schläfrig werden solltest vor lauter, sich nun einstellender Entspannung. Du bist geborgen in den Armen der Urmutter. Sie gibt dir, was du vielleicht bei deiner leiblichen Mutter vermisst hast: Sie hat stets Zeit für dich und sie bekennt sich vollumfänglich und vorbehaltlos zu dir. Du kannst nichts recht der falsch machen und dadurch ihre Zuneigung gewinnen oder verlieren. Denn wie der Himmel urteilt auch sie nicht. Sie ist einfach da –

Tag und Nacht, Sommer und Winter. Ruhe und Sturm streichen über sie hinweg – so wie über dich. Sie nimmt Samen auf und lässt sie wachsen – du nimmst Ideen auf und lässt sie gedeihen. Sie ist dir Heimat, so wie du für andere Wesen Ort der Zuflucht bist. Die dunkle, satte Erde, dieser tiefe, reiche Grund, welcher sich vorbehaltlos investiert, um dem Gedeihen aller Wesen beizutragen, ist ein hilfreiches Bild für einen grundsätzlichen Aspekt deines Seins, Synonym für das Leben an sich. Es erinnert dich aber auch daran, dass alle Wesen, also auch du, Schutz und Fürsorge verdienen.

Ob Mann oder Frau, du trägst das mütterliche Prinzip in dir, die Wärme, die Fürsorge, die Umarmung, das Nährende, das Fördernde, das Behütende und Beschützende, das Aufnehmende und das Schenkende. Wiege dich in diesen Talenten, ob du sie nun der Erde oder dir selbst zuschreibst. Durch deine Aufmerksamkeit und dein Gewahrsein können sie sich vermehren.

Alleine schon deine bewusste Anwesenheit vermag Heilung zu bewirken. Und wenn du eine geübte Zuhörerin bist und unvoreingenommen dir selbst oder anderen Wesen lauschen kannst, so finden heimatlose Botschaften eine Zufluchtsstätte und müssen nicht mehr umherirren und für Irritation sorgen.

Das Hingebende, das Bereitwillige wird oft als beinahe dumm angesehen, denn es verschenkt sich, ohne einen Gewinn zu erwarten oder eine Gegenleistung anzustreben. Und doch ist es unverfälschter Ausdruck des Reichtums. Denn geben kann nur die Fülle – und dies tut sie aus reiner Freude.

BEGEGNUNG 11
POPCORN – LEBENSLUST, FREUDE, ÜBERMUT

Hast du schon einmal selbst Popcorn hergestellt? Es ist ganz einfach: du gibst wenig Öl in eine Pfanne und erwärmst es. Danach fügst du eine Handvoll getrockneter Maiskörner dazu und schliesst den Deckel der Pfanne. Nur einige Augenblicke später kannst du das erste Ploppen der explodierenden Maiskörner hören. Und schon geht ein richtiges Plopp-Feuerwerk in deiner Pfanne los. Ein übers andere Mal klopfen die aufspringenden Körner munter an den Pfannendeckel und würden ohne diesen ihren übermütigen Tanz wohl in deiner gesamten Küche weiterführen.

Wenn du den fröhlichen Maiskörnern bei ihrer unbeschwerten Metamorphose zuhörst, wird auch dir leicht und froh zumute werden. Kindliche Lebensfreude stellt sich ein und das Gefühl, als ob mehr möglich sei, als die ernsthafte Erwachsenen-Vernunft uns glauben machen möchte.

Wann hast du das letzte Mal geploppt? Warst übermütig und spontan? Bist einfach dem Impuls des Augenblicks gefolgt? Und aufgeplatzt in eine neue Form deiner selbst hinein? Sei nun Maiskorn, das zu Popcorn wird. Sei frech und unkonventionell. Was wolltest du immer schon mal ausprobieren und warst zu erwachsen und vernünftig dafür? Highheels anstatt flacher Treter anzuziehen, eine Kletterwand hochzukraxeln anstatt Kartoffeln zu schälen, einen interessanten Menschen anzusprechen anstatt ihn bloss scheu zu beäugen, einen Gitarrenkurs zu besuchen anstatt Buchhaltung zu lernen. Ach, es gibt zahlreiche lustige Möglichkeiten, dich lebendig zu fühlen: Spontan Menschen zuzuwinken, die du (noch) gar nicht kennst, an einer Free-Hugs-Aktion teilzunehmen, ein Bild zu malen und im Internet zu zeigen, in der Wohnung umher zu tanzen und im Auto lauthals zu singen. Warum solltest du eigentlich nicht deinem Herzen und deiner Freude folgen? Mag sein, dass du dich blamierst und dein Plopp-Experiment auf dem Küchenboden endet. So what? Echte Popcorns lassen sich nicht von ihrer Hüpferei abbringen.

Harte, kleine, selbstkontrollierende Maiskörner sind wir oft genug. Erlauben wir uns doch auch einmal das herzhafte Spiel des sich Ausdehnens. Breiten wir unser Lächeln und unsere Arme aus und singen das Lied des Lebens – es darf ruhig etwas schräg tönen. Hauptsache, wir bewegen uns aus der engen Schale unsere Strenge hinaus ins experimentelle Ploppen.
Wenn du zurück kehrst in deinen Körper, versuche das Bild einer deiner Zellen zu sehen. Bemerkst du, wie fröhlich und aufgekratzt sie durch deinen Dialog mit der Popcorn-Energie geworden ist? Vibriert dein Körper plötzlich jugendfrisch und übermütig? Gluckst und kitzelt ein Lachen unter deinem Herzen? Herrlich! Und jetzt los – tue etwas Fröhliches, das du schon lange nicht mehr getan hast. Viel Spass.

BEGEGNUNG 12
WASSER – KLARHEIT

Ob in deinem Glas, in einem munter sprudelnden Bächlein, einem stillen See oder im gewaltigen Ozean, du kannst das Wasser überall antreffen. Nicht zuletzt ist es ein beträchtlicher Anteil deines Körpers. Dein Leben hat im Wasser seinen Anfang genommen. Deswegen bist du aufs Innigste mit diesem Element verbunden. Auch wenn dich der graue Nieselregen vielleicht zuweilen stört und du an nassen Schuhen und Socken keinen Gefallen finden kannst, auch wenn du es vermeidest, schwimmend Ozeane zu durchqueren und dich Stürme, Überschwemmungen und Tsunamis in Angst und Schrecken versetzen würden – mehrheitlich wirst du dem Wasser gegenüber Dankbarkeit verspüren. Du weisst, wie wichtig es für Menschen, Tiere und Pflanzen ist.

Vergiss nun für einen Moment deine menschliche Form und begib dich hinein in die amorphe Geschmeidigkeit des Wassers. Erfühle, wie leicht und mühelos Wasser in jede Ritze einsickert und du mit ihm. Du verlässt dich dabei auf die Schwerkraft oder auf den Gesteinsdruck, dadurch bleibt dir jegliches Gemurkse erspart. Du bist an keine Form gebunden und daher äusserst flexibel. Du wirst als Wasser nie durch physische Hindernisse verletzt, denn du umströmst diese geschmeidig und suchst dir deinen Weg in Freiheit. Du haftest nirgends an und beanspruchst auch kein festes Territorium für die nächsten 1000 Jahre, denn du kannst dich überall niederlassen und Heimat finden. Stell dir lebhaft vor, wo überall auf diesem Planeten Wasser zu finden ist. Vergiss auch nicht Dampf, Schnee und Eis. Als machtvolle Substanz Wasser bist du Teil eines weltumfassenden Systems und kannst auch auf dessen Informationsschatz zugreifen, indem du überall hinfliesst, wo du etwas Interessantes vermutest.. Wasser hat zudem die Fähigkeit, Muster abzubilden und fortan mit sich zu tragen. Auf dieses Clustering kannst du im realen Leben zurückgreifen, wenn du dir eine neue Fähigkeit oder neues Wissen aneignen möchtest. Lasse dich zuerst auf deinen verschlungenen Wegen durchs Gestein reinigen und verbinde dich danach bewusst mit der erstrebten Qualität. Umfliesse diese, erfühle sie, lasse dich von ihr bewegen und tragen, werde dich ihrer vollkommen bewusst und nimm sie mit jedem Molekül wahr, bis du selbst zu der erstrebten Qualität geworden bist.

Wenn du nun zurückkehrst in deinen menschlichen Körper, übertrage die Information dieser Qualität auf deine Körperzellen und probiere sachte deren Wirkung aus. Nein, es ist keine Einbildung, wenn du sie jetzt tatsächlich adaptiert hast.

BEGEGNUNG 13
PFINGSTROSE - SCHÖNHEIT

Du vermeidest, bei aller Gepflegtheit, zu eitel zu sein? Gewiss, es ist verpönt und gilt oft als oberflächlich und einfältig, seiner Freude an der Schönheit Ausdruck zu verleihen. Und doch, liebe Evas-Töchter und Adams-Söhne, was wäre die Welt ohne Schönheit? Die Schönheit verfügt über eine besondere Kraft.

Lass uns in Gedanken in einen Garten spazieren und eine Pfingstrose besuchen gehen. Still steht sie inmitten eines saftig grünen Blätterkranzes. Kräftige Stiele und smaragdenes Blattwerk bilden die elegante und anmutige Kulisse für die einzigartigen Knospen, welche sich wie kostbar schimmerndes Perlmutt sanft über dem grünen Untergrund wiegt. Jede Knospe ist eine Kugel aus dicht aneinander geschmiegten, zartrosa Blütenblättern, auf der Tautropfen diamantgleich glitzern.

Du bist gebannt von der makellosen Schönheit dieser Erscheinung, möchtest Eins werden mit ihr und lässt dich hineingleiten in die Pfingstrose. Durch deine Bewunderung bereits ganz durchlässig geworden, wirst du nun zum Windhauch und schlüpfst ins kräftige Gestänge der Pflanze. Du bewegst dich behände entlang der Faserung desselben hinab bis ins Wurzelreich und breitest dich dort aus bis in die feinsten Kapillaren der Wurzelspitzen. Dort, wo der Aus tausch der Energie mit der Erde stattfindet, lauscht du den dunklen Klängen und dem hellen Singen der unzähligen Substanzen, welche sich - mehr Idee als Materie – einschleusen in den lebendigen Kreislauf des Nährens. Zusammen mit diesen winzigen Partikeln reist dein Bewusstsein nun wieder aufwärts durch Stängel und Blätter bis hin zu den kugeligen Knospen. Der Pulsschlag der Erde und das leise Schwingen der Pflanze finden sich über die Nährstoffaufnahme zu einem innigen, beglückenden Tanz des Lebens. Auch Licht und Luft schleusen sich in diesen Reigen ein und passieren Zellwände mit der Leichtigkeit und Verspieltheit kleiner Geister. Diese rückhaltlose Kommunikation ist an sich schon eine begeisterte Hymne an die Schönheit.

Dazu gesellen sich jetzt noch Farbe und Duft, die dich in einen wahren Rausch versetzen. Wohin du deine Aufmerksamkeit auch richtest, überall trifft sie auf lebhafte, geschmeidige Interaktion. Tausendfach bricht sich das Licht in den beteiligten Mikropartikelchen und entfacht ein Feuerwerk der Freude. Das Mass dieser Schönheit übersteigt dein Fassungsvermögen, es sprengt alle Grenzen und bringt dich dazu, diesen Reichtum zu verströmen. Hinaus, hinaus in die Welt sprühst du deine Seidigkeit, dein Leuchten, dein Aufblühen. Und dies benötigt kein bewusstes Bemühen. Mit spielerischer Leichtigkeit vollzieht sich der Akt des sich Verschenkens. Denn eigentlich existiert kein Unterscheiden mehr zwischen dir als Pfingstrose und dem Rest der Welt – Vorbehaltlos alles ist in Schönheit getaucht. Behutsam öffnet sich deine Knospe, löst Blatt um Blatt in rosafarbenem Neigen. Das Labyrinth der zarten Linien wird allmählich zum kraftvollen Mandala der sich ausdehnenden Blüte. So weich, so zauberhaft und herrlich duftend ist diese Blütensonne, dass sie unzählige Insekten anzuziehen vermag: Schmetterlinge und Bienen umschwärmen dich und geniessen die Symphonie der Schönheit mit dir. Was die Erde dir geschenkt hat, gibst du nun weiter und nährst dadurch andere Lebewesen. Es ist Sommerzeit, Freudenzeit.

Und wenn sich im Herbst Blüten und Kraut sich bräunlich verfärben und die Ränder sich einrollen, deine Stängel schwächer werden und deine Schönheit verblasst, lässt du bereitwillig deine Kraft zurück strömen ins Erdreich, ins Winterquartier. Dort ist dein Geheimnis gut aufgehoben bis du zu neuem Leben erwachen wirst.

Birg das Erleben der Schönheit jetzt in dir und lass dich zurück tragen in deinen menschlichen Körper. Speichere die Pfingstrosenkraft an einer Körperstelle, die du schön findest: Deine Augen vielleicht, deine Hände oder deine wohlgeformten Ohren. Erinnere dich stets an das Pfingstrosen-Fest der Schönheit, wenn du diese Körperstelle ansiehst, und lasse diese Schönheit sich freudig ausdehnen, wann immer es dir danach ist.

BEGEGNUNG 14
KRÖTE - WANDEL

Du bist des Nachts unterwegs und siehst vor dir auf der dunklen, regennassen Strasse etwas glänzen, das einem grossen Stein nicht unähnlich sieht. Doch plötzlich – hups – nimmt dieser Stein einen Sprung und hüpft von dir weg. Nach dem ersten Schrecken erkennst du, dass deine nächtliche Zufallsbekanntschaft eine Kröte ist. Igitt, denkst du, ein solch' warziges Ding!! Und schon willst du so rasch als möglich weitergehen, um ausreichend Distanz zwischen dich und das hässliche Tier zu bringen. Doch aus irgendeinem unerfindlichen Grund kehrst du um, näherst dich vorsichtig und auf leisen Sohlen diesem Wesen, kauerst dich nieder und betrachtest es, soweit dies in der Finsternis möglich ist. Nie im Leben möchtest du in die unappetitliche Haut dieses hässlichen Tieres schlüpfen, denkst du dir, und schämst dich vielleicht sogleich für deinen Dünkel. Das so geschmähte Vieh jedoch blinzelt dich gelassen aus golden schimmernden Augen an – dieser Blick genügt. Schon befindest du dich im Innern der Kröte. Du bist die Kröte.

Wässerigkeit ist die erste Empfindung, die sich in dein Bewusstsein drängt. Unablässiges Tropfen klingt in deinen Ohren. Nass glänzt deine Umgebung. Nass schimmert auch deine Haut. Auf weichen Sohlen patscht du durchs feuchte Gras. Zwar verfügst du über ein Skelett, doch weit bedeutender als diese feste Struktur, ist die wässerige Ansammlung deiner übrigen Zellen. Diese klumpen freundschaftlich aneinander und bilden damit dasselbe Prinzip ab, das dein Gelege zeigt. Lauter runde, dunkle Eizellen, die eingehüllt sind in ihren eigenen, vollkommenen Kosmos. Schwimmend, sich drehend in Ausgewogenheit und zentrierter Ruhe, wachsen sie gelassen heran. Sie lassen sich tragen. Sie lassen sich wiegen. Zuerst auf deinem Rücken, später vom leisen Geplätscher eines geeigneten Biotopes. Unter der Wasseroberfläche erhaschen sie passiv einige Sonnenstrahlen, doch eigentlich sind sie Kinder des Mondes und bleiben dies ihr Leben lang.

So bist du auch heute noch beheimatet in der Dunkelheit und fürchtest diese nicht. Samten schenkt sie dir Schutz und Hort, verschmilzt mit dir und lässt dich unsichtbar werden. Die Nacht, der Mond, die Zeit und du – ihr seid eins. Hektik und Beflissenheit sind dir fremd. Diesen trügerischen, atemraubenden Werten bist du nicht verfallen. Du kennst keine Ecken und Kanten, denn du lebst nach dem Rhythmus des Mondes. Und so spiegelt jede Warze deines feuchten Leibes ebendiesen Himmelskörper und wird dadurch geedelt. Ob der Himmelstrabant scheinbar zu- oder abnimmt, ist dir einerlei. Ob etwas kommt oder geht, erschüttert nicht deine Ruhe, denn du bist dir sicher, dass stets alles vorhanden ist, seine Richtigkeit hat und nichts aus dem Gesamtgefüge fallen kann.

Deine grosse Gabe ist diejenige des Ausharrens. Du weisst,

dass sich die Kugel ohne dein Zutun ohnehin drehen und sich aufs Neue ein anderer Aspekt der Wahrheit und der Erscheinungen zeigen wird. So magst du zwar ausdauernd deine knarzende Stimme ertönen lassen, die - einer Gebetstrommel ähnlich - die Welt am Rollen hält, wirst dich jedoch kaum ereifern. Wozu kämpfen, wenn Wandel dein Freund und Vertrauter ist?

Nimm nun diese würdevolle Ruhe mit in deinen menschlichen Leib. Atme tief und entspannt in deine Weichteile hinein. Kehre zurück ins Hier und Jetzt. Siehe deine Welt mit den goldenen Augen der Kröte.

BEGEGNUNG 15
SCHACHBRETT - DUALITÄT

Magst du Spiele? Jedenfalls sitzt du hier und schaust auf das Spielbrett für Schach. Es ist wunderbar ebenmässig. Genau bemessen teilt es sich auf in akkurate schwarze und weisse Quadrate. Ja, es befriedigt dein Bedürfnis nach Ordnung. Es bemisst korrekt und unbestechlich die absolute Gerechtigkeit. Jeder Farbe steht gleichviel Raum zu. Daran gibt es nichts zu rütteln. Gut so. Oder?

Du kannst dich mit dem Schachbrett über diese Ordnung unterhalten. Es liebt Debatten und das Abwägen des Für und Wider. Aber aufgepasst, dein Hirn wird nun auf ganz neue Weise herausgefordert. Also beginnen wir mit der Frage nach dem Sinn der Schachbrett-Struktur und lauschen aufmerksam auf die Antwort:

„Genauso wie ich bin, bin ich perfekt. Was würdest du bloss mit einem Spielplan anfangen, welcher nur schwarz oder nur weiss wäre? Worin würde die Herausforderung für dich als SpielerIn bestehen? Wie würdest du merken, dass sich überhaupt etwas bewegt und verändert?"

Das Schachbrett ist ein Lehrer mit Hang zur Exaktheit. Es lässt nicht mit sich handeln. Magst du dich auch noch so klein machen und zum Pünktchen schrumpfen, damit ein weisses Quadrat zum unendlichen Schneefeld wird für dich, und das schwarze zur endlosen Dunkelheit, irgendwann gelangst du an dessen Ende. Irgendwann wirst du aufgeweckt aus deinem Einerlei und hineingeschupst in ein neues Erlebnis. Vergleichbar mit Ebbe und Flut, Tag und Nacht, Einatmen und Ausatmen, rhythmisiert das Schachbrett dein Sein. Du wirst ständig neu geboren von Weiss zu Schwarz und umgekehrt – die perfekte Massage für dich, deine Gedanken und Emotionen. Du überschreitest Grenzen, du bist gezwungen, Entschlüsse zu fassen, diese durchzuziehen oder zu verwerfen. Du kannst wagemutig oder zögerlich sein, raffiniert oder naiv. Du kannst gewinnen oder verlieren. Immer wieder bekommst du eine neue Chance, dich gleich oder anders zu verhalten.

Möglicherweise katalogisierst du vieles, was dir begegnet zwecks Orientierung in „gut" oder „schlecht". Verständlich, dass du das „Gute" bevorzugst und fleissig danach trachtest, es zu erringen und zu erhalten. Mit dem Sammeln der weissen Quadrate fällt dir jedoch nur die eine Hälfte des Ganzen zu. Die andere Hälfte bleibt dir verborgen. Du verzichtest auf Raum, auf Bewegungsfreiheit und andersartige Erfahrungen.

Betrachtest du dich als menschliches Schachbrett, wirst du ebenfalls weisse und schwarze Anteile vorfinden. Naturgemäss möchtest du dich wohl eher in Glanz und Glorie präsentieren und deine „dunklen" Seiten versteckt halten. Gelingt es dir jedoch, dich in das Wesen des Schachbrettes wirklich zu vertiefen, wird es dir möglich sein, ohne Scham auch deine sogenannten Schwächen anzuschauen. Weiss und Schwarz sind - neutral gesehen - einfach unterschiedliche und höchst interessante Anteile des einen Spiels. Die beiden Seiten derselben Medaille. Sie machen das Agieren erst spannend und unterhaltsam.

Anregung für eine kreative Umsetzung:
Kopiere ein Schachbrett. Schreibe mit schwarzem Stift in die weissen Felder all deine Vorzüge und notiere mit weissem Stift in die schwarzen Felder deine Schwächen. Schau dir alle 64 Beiträge an. Sie bilden deine Wahrnehmung von dir selbst ab.

-Was würde ein anderer Mensch wohl über dich schreiben?
-Was würde deine Seele über dich schreiben?
-Welche Auswirkungen hätte es, wenn du nur die eine Farbe leben würdest?
-Kannst du „Befruchtungs-Möglichkeiten" zwischen Weiss und Schwarz erkennen?
-Nimm eine Spielfigur und hüpfe kreuz und quer über das Brett. Fühle dich jeweils kurz in die jeweilige Qualität ein, auf der du landest und dann hüpfe weiter. Auf diese Weise übst du dich in der Flexibilität unterschiedlicher „Zustände". Glaubt man alten Aufzeichnungen, wurden Adepten früher zu ebendieser Übung angehalten: Dem geschmeidigen Wechseln von Freude zu Ärger zu Trauer zu Eifersucht zu Zufriedenheit....

BEGEGNUNG 16
KAROTTE - ZUVERSICHT

Die wenigsten von uns können den Karotten beim Wachsen zusehen, denn wer hat heutzutage noch einen Garten und pflanzt selbst Gemüse an? Darum begegnen wir den hübschen, orangen, hygienisch in Plastiksäckchen abgepackten Zapfen erst im Gestell des Grossverteilers. Von da nehmen wir sie mit nach Hause und legen sie in den Kühlschrank. Selten schenken wir den Karotten grössere Aufmerksamkeit. Sie erscheinen uns zu unspektakulär und zu gewöhnlich, als dass wir ihnen enthusiastisch applaudieren würden.

Heute jedoch, nimm ein Rüebli in deine Hand und schau es dir genau an. Es ist sauber gewaschen, nicht den kleinsten Krümel Erde kannst du an ihm entdecken. Dafür siehst du seine glatte Haut, sein leuchtendes Orange, zarte Rillen und vorwitzige Äuglein. Blinzeln diese dir etwa jetzt gerade zu?
Du merkst – dein Gegenüber hat Humor. Wie könnte es auch anders sein. Die fröhliche Farbe seines Gewandes spricht für sich….und dich an. Schlüpfe hinein und lasse dich in die Existenz der Karotte entführen.

Winzig klein warst du als Samen. Eingebettet in der Erde konntest du kaum erwarten, was nun wohl passieren würde. In deiner Neugier strebtest du nach unten und nach oben gleichzeitig, da es ja überall spannend sein kann. Zuerst fädchendünn, später erstarkend, wuchst du aus deiner

Mitte heraus gen Himmel und gen Erdmittelpunkt. Lotrecht. Aus deinem farblosen, ungeformten, embryonalen Zustand entwickelte sich nach und nach zartes Kraut, zierlich gefiedert und bestens dafür geeignet, das Firmament zu becircen. Dein knackiges, oranges Wundernäschen bohrte sich derweil unverdrossen und ungeachtet aller Hindernisse immer tiefer ins Erdreich. Du dehntest dich aus, du recktest und strecktest dich. Du kümmertest dich nicht um die Dunkelheit, die dich umgab und leuchtetest munter vor dich hin. Die Dunkelheit nährte dich und liess dein Orange noch kräftiger erscheinen.

Du kindliches, im besten Sinne naives, unerschrockenes Pflänzchen, wie schaffst du es bloss, im Finstern so leuchtend zu werden? Aha, indem du nicht zurückweichst vor dem Unbekannten, sondern dich ihm zuwendest und ihm entgegengehst, ihm deine feinsten Würzelchen entgegen reckst, ihm zärtlich schmeichelst und jegliche Information interessiert einsammelst. Unablässig kommunizierst du mit deiner Umgebung. Überall findest du etwas, dass dich freut und dein Orange verstärkt. Dein grünes Fiederkraut trägt dir die Botschaft des Himmels zu, derweil deine Pfahlwurzel vom Herzschlag der Erde berichtet. Du fühlst dich inmitten des Geschehens und bist selbst der Mittelunkt der Zuversicht.

Wenn du lange genug eine Karotte warst, schlüpfe wieder zurück in deinen menschlichen Leib. Bewahre die kindliche

Zuversicht deines Gastgebers im Herzen und halte Ausschau nach Freudvollem, auch wenn sich dieses zuweilen im Finsteren verbirgt.

BEGEGNUNG 17
SCHMETTERLING - ZYKLUS

Ein Schmetterling! Er hat sich auf der sonnenwarmen Hauswand niedergelassen und bietet dir seine herrliche Farbenpracht dar. Behutsam und sachte näherst du dich ihm und betrachtest ihn voller Bewunderung: Wie schön sind doch der kühne Schwung seiner äusseren Form und das prächtige Mosaik seiner bunten Flügel. Wie beneidenswert leicht schaukelt und gaukelt der Schmetterling durch die Welt und darf sich am süssen Nektar laben. Du würdest es ihm oft genug gerne gleich tun und wirst trotzdem immer wieder von deiner Erdenschwere eingeholt. Manchmal scheint alles Wünschen und Wollen dir nicht helfen zu können, denn deine innerlichen Gedankenflüge zu den Wolkenschlössern deiner Träume kommen stets wieder ins Trudeln und bescheren dir eine unsanfte Landung in der ernüchternden Erkenntnis, dass du wohl nicht zum Schmetterling taugst: Realistisch bleiben, nennt man das.

Doch siehe, nun klappt der Schmetterling sein Flügelpaar zu, wird zum schmalen Strich, wenn du ihn von oben betrachtest, wird zum schwarzen Wesen, wenn du ihn seitlich anschaust. Verschwunden ist seine Farbigkeit, verschwunden sein fröhliches Geflatter. Hast du gewusst, dass sich hinter seiner bunten Erscheinung ein Schattenwesen verbirgt? Hast du geahnt, dass sein raumgreifendes Fliegen sich reduzieren kann auf eine unscheinbare, stille Linie?

Fokussiere das Tier. Berühre und umhülle es mit deinem Blick. Und dann begib dich hinein in den Schmetterling. Sein abwechslungsreiches Leben breitet sich sofort wie ein Bilderbuch vor dir aus. Du siehst als Erstes das winzige Ei, welches nach und nach wächst. Du beobachtest die Raupe, die daraus schlüpft und begleitest sie auf ihrem unermüdlichen Weg zu kräftigender Nahrung. Du sinkst mit ihr zusammen in die Stille und Unbeweglichkeit der eremitenhaften Verpuppung und träumst mit ihr von der Zukunft.

Und tatsächlich: Du bist Ei und damit pure Verheissung im noch ungeformten Potenzial, reines Wissen um Alles im Nichts. Du bist gleichermassen Raupe und dadurch die egobezogene Fresserin, der selbsterhaltende Hamsterer – wie sonst solltest du deinen irdischen Leib formen und erhalten? Du bist jedoch auch die weltenentrückte Puppe in ihrem Kokon, die geduldig ihre (Geistes-) Kräfte anwachsen lässt und die im Geheimen - ihren inneren Bilder gemäss – erstarkt, um eines Tages hinauszutreten und zu sein, was sie einst träumte. Im Leben des Schmetterlings geschieht dieses Hinaustreten nur ein einziges Mal, als Mensch hingegen kann jeder Moment zur erneuten Offenbarung, zur Selbsterfindung und zur Selbstfindung werden.

Du möchtest gewiss liebend gerne schon heute dein volles, prächtiges, glitzerndes Potenzial einbringen und zeigen.
Doch du stolperst immer wieder über deine Mängel und Selbstzweifel, welche sich als ärgerliche Behinderungen

darstellen. Es hat keinen Sinn, sie unter den Teppich zu kehren. Viel nützlicher ist es, sie nach dem Vorbild des Schmetterlings als berechtigten Teil deiner selbst zu integrieren. Sag „Ja" zur dunklen Unterseite deiner bunten Flügel. Sag „Ja" zu deinen zeitweisen Rückzugsphasen. Begrüsse die Momente, in denen du zum unscheinbaren Strich in der Landschaft wirst und nichts tun kannst. Sie sind die Kehrseite der Medaille, die es anzuerkennen gilt. Erst wenn Yin und Yang beide mitspielen dürfen, erhebt sich die gesamte Kraft. Erst wenn du Hell und Dunkel gleichermassen umarmst, brauchst du Schwäche nicht mehr zu fürchten. Denn das Eine entsteht in einem ewigen, schöpferischen Kreislauf aus dem Anderen.

Entfaltet der Schmetterling sein Flügelpaar und nimmt seinen beschwingten Flug durchs Leben wieder auf, erkennst du in ihm die Form der Acht, dem Symbol für Unendlichkeit. Auch du trägst die Energie der Acht in dir. Nicht nur heute im Dialog mit dem Sommervogel, sondern immer. Freue dich.

Kehre nun zurück in deinen menschlichen Leib und siehe wie auch dieser das Schmetterlingsprinzip der Acht verkörpert: du bist Symmetrie, du hast Nasenflügel, Lungenflügel, zwei Augen, Ohren, Hände, Füsse, Nieren…umarme dich selbst in deiner Zweiheit und in deiner Polarität. Ziehe gelassen die schwungvollen Bogen der Acht darum, fliege mit deren Hilfe und labe dich an jeglichem Nektar, den du finden kannst. Lasse dich dabei von den Farben leiten, denn sie sind die Blüten, die du in deinem Umfeld finden kannst. Bringe sie und dein Erleben stets wieder bewusst in deine Mitte und nähre von da aus deinen Körper und dein Empfinden – so, wie es der Schmetterling auch tut.

BEGEGNUNG 18
KOMPASS - AUSRICHTUNG

Während deiner Reise durch die Welt bist du bestimmt schon einmal einem Kompass begegnet. Rund wie der Planet selbst, ist er eingeteilt in die verschiedenen Himmelsrichtungen und versehen mit einem sicheren, unverrückbaren Zentrum, auf welchem in zitternder Flexibilität der Zeiger ruht. Dieser weist zuverlässig Richtung Norden. Scheinbar ist alles klar – und dennoch zugleich verwirrend relativ. Denn: Wo auch immer du dich befindest, ist die Mitte deines Kosmos. Von da aus kannst du in jede, dir willkommene Richtung losspazieren, jederzeit nach Belieben eine Richtungsänderung vornehmen oder einfach stehenbleiben. Jeder Mensch, ob er nun über einen Kompass verfügt oder nicht, hat dieselbe Freiheit und wie du und besieht sich die Welt von seinem ureigenen Standpunkt aus.

Lass uns doch nun in den Kompass selbst schlüpfen und seine Sichtweise erleben. Da bist du also nun, rund und flach, mit einer Einteilung in acht gleichwertige Segmente. Du fühlst wahrscheinlich sofort in deiner Mitte den starken magnetischen Zug in die Nordrichtung – dabei werden alle anderen Felder rund um dich in ihrer Bedeutung zweitrangig. Deine Ausrichtung ist klar und unmissverständlich. Für dich zählt einzig der Ort, von welchem die intensivste Anziehung ausgeht. Der ursächliche Grund für dein Sehnen und Streben sind dabei nebensächlich. Es ist auch ganz egal, wo du dich zurzeit befindest – die Kompassnadel sucht ihr magnetisches Gegenstück und dadurch trägst du dein Ziel bereits unfehlbar in dir und wirst nicht davon ablassen können. Es mag Irritationen geben, aber da existiert etwas, das dir wichtiger ist als alles Übrige. Eine Kraft, die zu dir gehört, ein Ort, welcher der deinige ist. Mögen tausend Wahlmöglichkeiten bestehen, die urtümliche Heimat harrt deiner. Es braucht weder Worte noch Erklärungen, weder Beteuerungen noch Verheissungen, weder Verlockungen noch Befürchtungen. Dein Zeiger bleibt auf das Eine ausgerichtet, deine Orientierung ist naturgegeben. Was sich darum herum gruppiert, ist zwar wunderbar, wird aber dennoch überstrahlt von dieser einen, mächtigsten aller Energien.

Wende dich ihr bewusst zu und absorbiere sie mit Hingabe. Kehre nun zurück in deinen menschlichen Leib und spüre in dich hinein. Frage dich:
    Was zieht mich an?
    Welcher Anziehungspunkt hat die grösste Kraft?
    Was berührt mein Herz am unmittelbarsten?
    Welches ist mein „Norden"?

Schaue in aller Ruhe auf deinen inneren Kompass-Zeiger und wisse: Würde dieser die Energie des „Norden" nicht bereits kennen, könnte er sie niemals erspüren und sich nach ihr ausrichten. Wäre er nicht von derselben Energie erfüllt wie sein Ziel, könnte er dieses nie und nimmer identifizieren.

Daraus folgert, dass du wie der Kompass bereits dein Ziel in dir trägst…es immer in dir getragen und dies vielleicht bloss bisher nicht bemerkt hast. Du bist in alle Himmelrichtungen geeilt, um deine Sehnsucht zu stillen. Du hast grosse Anstrengungen unternommen, um heim zu finden. Du hast dich abgerackert und bemüht, hast gekämpft und mit dir selbst gerungen. Du hast dich vielleicht sogar in der Gegenrichtung komplett verirrt (und hättest auch auf dieser direkt zum Ziel gefunden). Du hast eine Vielzahl von Erfahrungen gemacht dadurch und deine Erlebniswelt bereichert. Doch nun darfst du dir einen Moment der Erholung gönnen, inne halten und dein Bewusstsein voller Genuss und Zufriedenheit auf deine „Nord-Qualität" richten, sie umarmen und begrüssen. Du bist schon, was du immer sein wolltest.

Zurück in deinem Körper, forsche nach dessen Mitte. Lasse dich durchströmen von deinem Atem und lausche, um welches Zentrum er am Liebsten kreist. Schaue sorgsam, achtsam, behutsam dahin, auf dass dort Raum entsteht für deine Kompassnadel und sie sich in Ruhe ausrichten kann auf das, was dir bedeutsam erscheint. Lasse dir Zeit.

BEGEGNUNG 19
KNOSPE - POTENZIAL

Ach, wie bezaubernd ist jede Knospe gleichermassen anzuschauen, ganz gleich ob sie Blüte birgt oder Blatt. Sie ist die verkörperte Unschuld, das unversehrte Potenzial, das weisse Papier, die neue Leinwand und die unberührte Möglichkeit. Noch gibt sie ihre Farbe erst zögernd preis und macht ein Geheimnis um ihre künftige Form. Sie verhüllt und versteckt sich unter zartem Grün oder unter weisslichem Flaum und will noch nicht von ihren Träumen lassen. Köstlich glitzern Tau- oder Regentropfen wie Geschmeide auf ihrer zart gerundeten Oberfläche und schmeicheln der scheuen Schönheit. Einer schlafenden Prinzessin gleich, wiegt sich die Knospe auf ihrem fragilen Stängel. Sie befindet sich in einem Stadium zwischen Plan und Verwirklichung. Noch hält die Welt den Atem an, steht gewissermassen still und harrt dessen, was sich zeigen will.

So märchenhaft wie die Knospe fühlst du dich vielleicht nicht gerade, auch wenn du – wie diese – noch nicht weisst, wohin die Reise führen soll. Wohl hast du die Hoffnung, dass etwas Grossartiges in dir verborgen ist. Etwas, das sich früher oder später zeigen wird in seiner Schönheit und Vollkommenheit, um dich und deine Umgebung zu beglücken. Etwas, das Bewegung, Freude und Fülle ins Leben tragen und deinen Wert belegen wird. Gleichzeitig nagen immer wieder Zweifel an dir und deiner Selbsteinschätzung, denn dein innerer Kritiker versucht emsig und ausdauernd, dich zu optimieren. Er findet oft genug einen Grund, dich zurechtzuweisen, dir die Flügel zu stutzen und dir dadurch deine Höhenflüge auszutreiben. So fragst du dich zuweilen frustriert, ob die vielbeschworene Göttlichkeit jeden Wesens, in deinem Fall vergessen worden sei.

Lasse dich nun wieder zurückführen ins Bewusstsein deines Potenzials. Mach dich so klein, wie du dich momentan fühlst – werde zum Däumelinchen und schlüpfe hurtig hinein in die oben beschriebene Knospe. Geborgen wie seinerzeit im Mutterleib höckelst du nun auf zartgelben Staubblättern und schaukelst sachte hin und her. Ringsum dich siehst du hoch aufragend und dich wie eine Kuppel umschliessend, die künftigen Blütenblätter. Als ob es Engelflügel wären, verheissen sie dir Schutz und Geborgenheit. Du sitzt und schaust………es tut sich nichts. Gar nichts. Du hörst leise Geräusche von aussen und wartest. Wartest. Wartest. Und verschmilzt derweil mit der Knospe.

Obwohl die Säfte leise durch alle Zellen zirkulieren und der geheime Plan der Entfaltung unmerklich seinen Lauf nimmt, bleiben Geduld und Vertrauen die hilfreichsten Kräfte. Denn da gibt es nichts, das vorangetrieben werden könnte. Jegliche Art von Zwang und Manipulation würde den natürlichen Ablauf unterbrechen und zur vorzeitigen Zerstörung der Blüte führen. Alles Nötige ist vorhanden: die Verbundenheit mit Erde und Himmel, die Blaupause des künftigen

Ausdrucks, die bildenden Kräfte und die Zeit. Sie alle finden sich zusammen, kommunizieren partnerschaftlich miteinander und münden in reine Freude. Diese Freude offenbart nun das Wunder der Schöpfung. Wie von selbst bahnen sich Farbe, Duft und Form ihren Weg. Die spielerische Entfaltung wird Realität und geniesst ihre zunehmende Energie. Eine selbsttätige Dynamik, von welcher du dich mittragen lassen darfst hinein in die Erfüllung deiner Träume.

Behalte dieses Erlebnis in deinem Gedächtnis, wenn du nun wieder zurückkehrst in deinen menschlichen Körper. Du verstehst jetzt besser, dass ein Teil deines Lebens wohl zielgerichtetes Streben sein darf, dass jedoch auch das Geschehen-Lassen seinen Platz braucht. Wenn du das vielgepriesene Loslassen aus dieser Warte betrachtest, wird es dir leichter fallen. Erst wenn Yin und Yang sich berühren, entsteht Entwicklung. Erst wenn deine Bemühungen und der Segen des Kosmos zueinander finden, geschehen Fülle und Freude und dein innerer Schatz findet mit Leichtigkeit seinen Ausdruck in der Welt.

BEGEGNUNG 20
BAUM - STRUKTUR

Der unbändige Herbstwind hat letzte Nacht deine Träume und sämtliche Blätter an Hecken und Bäumen kräftig durcheinander gewirbelt. Nun ist der Garten übersät von bunten Flecken, welche dicht an dicht einen glänzenden, regennassen Teppich bilden. Weil die Sonne kurz und verheissungsvoll durch ein Wolkenfenster blickt und die Landschaft verlockend beleuchtet, setzt du dich auf die hölzerne Bank vor dem Haus und bestaunst das verführerische Szenario. Besonders die leergefegten Äste der Bäume ringsum bannen deinen Blick und faszinieren durch ihre unterschiedlichen Signaturen.

Du fokussierst die dunklen Baumskelette, versuchst ihre rindendefinierte Schrift zu lesen, wirst träumerisch und kippst im selben Moment überraschend vornüber und beinahe von deiner Sitzgelegenheit, wirst selbst Skelett bar jeden Fleisches und verästelst dich vehement in Sekundenbruchteilen weiter in immer feinere Strukturen hinein. Ob es Blutbahnen sind, die du jetzt wahrnimmst oder die Feuchtigkeit transportierenden Rispen im Innern der Bäume, lässt sich nicht bestimmen. Dein Bewusstsein wird gelenkt und weiter gepumpt von einer omnipräsenten Kraft, welche mit der Macht der Gezeiten fraglos das Universum atmet. Sie teilt sich in der Folge auf und folgt sowohl der Flüssigkeit wie auch der sie umgebenden Materie. Du siehst, wie sich, einer ungeheuren Kettenreaktion gleich, Zelle an Zelle reiht - und kannst nicht glauben, dass diese jeweils nach Bedarf neu zu entstehen scheinen und sich nach Vollendung ihrer Aufgabe im Unsichtbaren auflösen.

Parallel dazu beobachtest du den Saft oder das Blut, welches in einer Art exaktem Chaos einen äusserst flexiblen Tanz von Annäherung und Auseinanderdriften, Verschmelzung und Teilung verschiedener Elemente vollführt, sie in zunehmen zierlichere Kanäle leitet oder geisterhaft durch Zellwände dringen lässt. Es singt und klingt, es rauscht und braust an deinem Ohr und dieser akustische Orkan vermittelt dir den Eindruck von Lebendigkeit und Geschäftigkeit, von intuitiver, wenn auch für dich nicht entschlüsselbarer Zielgerichtetheit, der du dich getrost überlassen kannst. Allerdings würde es dich gar nicht wundern, wenn zwischen den vielfarbigen, elastischen, schwimmenden Partikeln plötzlich ein sich drehendes Sonnensystem erschiene und seinerseits den phantastischen Reigen für eine gewisse Zeitdauer inspirieren würde.

Das hypnotische Geschehen eines endlosen Entstehens und Vergehens, eines achtsamen Ineinander-Greifens perforiert zwar deine Gedanken in ungekannter Weise und schleudert sie weit von dir, aber in einer behutsamen Zirkelbewegung werden sie alsbald wieder zurück geleitet zu deinem schwankenden Körper und dann übernehmen sie pflichtbewusst auch wieder dessen Justierung.

Atme ruhig und tief. Du hast einen Blick in das Innere der Struktur und deren Mysterium werfen dürfen und erkannt, wie unglaublich flexibel das ist, was du für stabil und fest gehalten hast.

BEGEGNUNG 21
BAGGER - KRAFT

Ach, dieser entsetzliche Lärm. Er stört deine Beschaulichkeit und irritiert deine Konzentrationsfähigkeit. Du fragst dich, weswegen du dermassen belästigt wirst und fühlst, dass Wut und Frustration in dir aufsteigen. Trotzdem kannst du jetzt schlecht nach draussen gehen und den Baggerführer zurechtweisen – dieser erledigt ja auch bloss seinen Job. Die riesige Maschine, die er so geschickt dirigiert, brummt und knurrt wie ein wildes Tier, schaufelt Erde beiseite, erschüttert den Boden und deine Ruhe gleichermassen. Natürlich siehst du ein, dass diese Maschine äusserst nützlich und effizient ist, wenn man ein Haus oder Strassen bauen möchte. Und willst auch niemanden vom Errichten derselben abhalten. Dessen ungeachtet ärgert dich der Krach, den das technische Riesenvieh verursacht und es dir verunmöglicht, dich auf deine innere Stille zu fokussieren.

Merkst du, wie sehr du dich durch deinen Ärger bereits mit dem Bagger verbunden hast? Er hat sich regelrecht in den Aufmerksamkeit hinein gedrängt. Anstatt weiterhin im kräftezehrenden „Kampfmodus" zu verharren, empfehle ich dir, dich noch intensiver mit der Baumaschine auseinander zu setzen. Du bist es nun ja schon gewohnt, in Dinge zu schlüpfen und sie in ihrem Inneren zu erkunden. Du hast bereits Übung im Erkennen deren Botschaften.

Deswegen lasse jetzt dein Buch, deine Schreibarbeit oder womit du sonst beschäftigt bist, fallen und begib dich in den Bagger hinein.

Als Erstes wirst du wohl das Metall wahrnehmen, aus welchem er hergestellt ist. Dichte und Stabilität – eigentlich herrlich - verlässlich, kraftvoll und schier unverwüstlich. Lauter Eigenschaften, die dir ab und an dienlich sein könnten. Da gibt es kein Zaudern oder Zögern. Nach einem ausgeklügelten Plan greifen sämtliche Teile sinnvoll ineinander und machen zielgerichtete Bewegungen möglich. Ist der Motor erst einmal angesprungen und das Räderwerk geschmiert, läuft die Maschine tadellos und funktioniert präzise. Mächtig und kraftstrotzend tut sie ihr Werk. Sie poltert und rattert ungeniert, sie stinkt und verpestet mit ihren Abgasen die Luft. Sie mutet sich mitsamt ihrem Gewicht, Umfang und mit all ihren Emissionen ihrer Umwelt zu, ohne sich deswegen im Geringsten klein machen zu können. Warum sollte sie sich ihrer Mächtigkeit und Kraft schämen?

Stell dir vor, du seist dieses technische Wunderding. Metallisch definiert ist deine Form, dein Bewegungs-Repertoire effektiv und ergebnisorientiert, deine Kraft unerschütterlich und dein Ausdruck laut und deutlich. Du bist weder zu übersehen, noch zu überhören, du bebst durch und durch vor lauter Aktivität und die Welt ist dir untertan. Wann in deinem menschlichen Leben erlaubst du dir diese Totalität, ohne absichernde Blicke nach links und rechts? Als soziales

Wesen gestehst du es dir normalerweise nicht zu, dir diesen Raum zu nehmen, zu lärmen, zu berserkern, alles umzuschaufeln und deine volle Kraft zur Anwendung zu bringen. Vermutlich betrachtest du Leute mit brachialem, proletenhaftem Verhalten eher mit Verachtung. Denn du bist im Allgemeinen wohlerzogen, rücksichts- und verständnisvoll, konsensfähig und friedfertig. Wirklich???

Oder versteckst du möglicherweise öfter als dir bewusst ist, deine „Bagger-Eigenschaften" unter einem niedlichen Mäntelchen der Tugend? Du bist so wohlerzogen und ausgesprochen gesellschaftstauglich, bestimmt eine guter Freund und eine freundliche Kollegin – ich gratuliere dir. Das sollst du auch bleiben. Trotzdem kann es nicht schaden, heute einen unverblümten Blick in dein Inneres zu tun. Hier findest du nämlich alle Aspekte des Seins versammelt. Jene, die dir angenehm sind und auf die du stolz bist, und auch jene, derer du dich aufgrund deiner Erziehung schämst. Je unvoreingenommener du sie alle betrachten kannst, desto eher offenbaren sie dir ihre Kraft und teilen dieselbe mit dir. Solange du hingegen einzelne Anteile ignorierst, beraubst du dich deren Energie und deiner Vollständigkeit.

Das heisst nun nicht, dass du ab sofort alles kunterbunt ausagieren sollst. Deine Familie und Freunde würden es kaum goutieren, wenn du plötzlich zum lärmenden Bagger mutierst. Du kannst dir jedoch bewusst machen, dass diese unbändige Kraft sehr wohl auch in dir steckt, und je nach Auf gabe abrufbar und dir zu Diensten ist. Wie rasant würdest du den Hausputz, das Rasenmähen oder das Umgraben deines Gartenbeetes erledigt haben, wenn du dich während diesen Arbeiten mit dem Wesen des Baggers verbündest? Darum lerne ihn noch etwas besser kennen, powere und protze noch ein Weilchen zusammen mit ihm und geniesse das Aufsehen, das du dadurch erregst. Dann kehrst du zurück in deinen menschlichen Körper und wirst wieder zur sozialen, umgänglichen, angenehmen Zeitgenossin.

BEGEGNUNG 22
KOMPOST - METAMORPHOSE

Es gibt Tage, an welchen sich der innere Kritiker unbarmherzig und penetrant gebärdet. Nichts ist ihm recht. Er mäkelt lästig und scheinbar begründet an allem und jedem, nicht zuletzt an dir. Seine Vorwürfe sind dir wohlbekannt: „Du strengst dich zu wenig an, du schaust nicht gepflegt genug aus und hast in letzter Zeit wieder zugenommen, deine Freundlichkeit den Mitmenschen gegenüber lässt zu wünschen übrig, deine Wohnung bräuchte dringend eine Frühjahrsreinigung, die Steuererklärung vergammelt unerledigt unter den Stössen von Papier auf deinem Schreibtisch, die Weltreise, von der du seit EWIG träumst, liegt immer noch in weiter Ferne und überhaupt….wofür das Ganze?"

In solchen Momenten begibst du dich am besten zu einem Kompost und schaust ihn dir genau an. Das heisst, schauen alleine reicht nicht – auch deine Nase bekommt ihren Teil ab. Hier riecht es nämlich! Was kein Wunder ist bei all den Unappetitlichkeiten, die deinen Kompost nun halt ausmachen. Halbverfaulte Früchte- und Gemüseüberbleibsel und Rasenschnitt, verwelkte Blumen und geschimmelte Brotreste ergeben eine abenteuerliche, pappige Masse, welche durchsetzt ist von gruseligem Getier. Würmer winden sich wonnevoll, Käfer krabbeln eilig und unverdrossen auf schlickigen Wegen und dicke, weisse Maden leuchten geisterhaft und zarthäutig im brackigen Dunkel. Insgesamt bildet diese Welt recht genau ab, wie es zurzeit in dir drin aussieht– im übertragenen Sinn natürlich. Kein Wunder schaudert es dich und rümpfst du deine Nase.

Dein Inneres und der Kompost stimmen in ihrer abstossenden Unvollkommenheit vollkommen überein. Da gibt es nichts, worauf man/frau stolz sein oder sich etwas einbilden könnte. Denn attraktiv ist dieses stinkende Gewimmel mit Bestimmtheit nicht. Bevor du dich jedoch verächtlich abwendest und das verwesende Gerümpel schnellstmöglich aus deinem Gewahrsein verbannst, tauche in deiner Vorstellung (oder mit Hilfe einer Schaufel in echt) etwas tiefer in den Kompost.

Je tiefer du dich nämlich ins Dunkel vorwagst, desto feinkrümeliger werden die zuvor groben Speisereste. Auf geheimnisvolle Weise wandeln sich eklig riechende, faulende Brocken nach und nach in samtweiche, nachtschwarze, duftende Erde. Sogar all das albtraumhafte Getier verschwindet in den tieferen Schichten und macht heiliger Stille Platz. Keine Spur von Makel ist hier mehr anzutreffen. Was stank und störte ist durchgearbeitet, verdaut, zerteilt, zersetzt, assimiliert, verwandelt, veredelt - ist kostbarer Urgrund geworden für eine neue Saat. Das Einzige, was dieser Vorgang benötigt hatte, war Zeit und Ruhe. Zeit, etwas ohne Einmischung geschehen zu lassen.

Darum: Wenn du dich das nächste Mal innerlich zersetzt,

zerfleischt und verurteilst ohne Ende, erinnere dich an den stinkenden Kompost und dessen edle Ernte. Liebe und achte dich für deine Arbeit mit dem „Abfall", denn sie ist sinnvoll, wertvoll und wichtig. Beobachte dich mit Geduld und Toleranz und erkenne im Kompost das künftige Wachstumspotenzial. Gewähre dir die Gnade, etwas Unangenehmes auch einfach mal ruhen zu lassen, damit es sich in dem ihm eigenen Rhythmus ohne dein Zutun transformieren kann. Nicht immer ist deine ordnende Hand vonnöten.

BEGEGNUNG 23
TÜRE - ÜBERGANG

Tausende von Malen bist du durch sie hindurch getreten seit du auf eigenen Füssen wanderst. Meistens haben sie dir keinen Widerstand entgegengesetzt, sondern sich leicht für dich geöffnet und dir grosszügig Durchgang gewährt. Oft haben sie dir Geborgenheit geschenkt, dich und deine Familie und dein Hab und Gut geschützt: Türen und Tore aller Art. Wende dich ihnen heute bewusst zu und schenke ihnen deine volle Aufmerksamkeit.

Bestimmt hast du gerade jetzt eine Türe in deinem Blickfeld. Schaue sie an, betrachte sie, berühre sie, stelle dich in ihren Rahmen. Lasse dir Raum geben und stützende Hülle und fülle den Rahmen mit deinem Bewusstsein im Wissen darum, dass da, wo du jetzt stehst, ohne Türe eigentlich eine Wand wäre. Nun findest du dort Weite und Schwelle und einen Ort des Übergangs. Betrittst du, was sich dir anbietet oder weichst du zurück in das bereits Vertraute, Bekannte? Du wählst, wissentlich oder unbewusst und bemerkst manchmal nicht die Heiligkeit deines Tuns.

Denn auch wenn uns dies oft nicht klar ist, erleben wir mit jedem Schritt, den wir tun, einen Übergang. Jeder Atemzug, der unsere Brust hebt und senkt, trägt uns in einen neuen Moment hinein. Trotz der scheinbaren Konstanz unseres Alltages, reiten wir auf der sich permanent bewegenden

Welle der Veränderung. Gewiss ist, dass wir dem Bekannten eher vertrauen als dem Ungewohnten und uns daher manchmal selbst auch mit Mikro-Umstürzen schwer tun. Jedes Mal, wenn wir eine Türe oder ein Tor durchschreiten, bekommen wir die Gelegenheit, unsere Entscheidungskompetenz zu üben und das Vertrauen in unser inneres Wissen oder in die Freundlichkeit des Universums dadurch erstarken zu lassen. Selbst wenn wir zögernd unter dem Rahmen stehen bleiben, haben wir einen Entschluss gefasst, nämlich den des Innehaltens. Auch dieses ist es wert, geachtet zu werden als respektvolle Rücksichtnahme uns selbst und dem Augenblick der Pause gegenüber.

Türen und Tore sind jedoch nicht blosse Symbole für unser aktives Voranschreiten, für unser Wählen des künftigen Weges, für unseren Mut, Neuem begegnen zu wollen und dabei möglicherweise auch unvermittelt unserer eigenen Ratlosigkeit gegenüber zu stehen, sie sind auch Wächter der Räume, die wir uns bereits erschlossen und erobert haben. Sie schützen unsere Kostbarkeiten und Geheimnisse und wahren unsere privaten, intimen und zartesten Bereiche. Im Äusseren und auch in uns drin dürfen wir eine Grenze ziehen, um allzu Sensibles vor fremden Augen und Beurteilungen zu bewahren.

Manchmal wird auch uns der Zugang verwehrt. Wir stehen vor verschlossener Türe und auch unser tiefstes Sehnen vermag uns nicht den Schlüssel zur Wunscherfüllung zu ge ben. Selbst Toben und Hadern führen nicht zum Ziel, sodass wir enttäuscht aufgeben und uns notgedrungen anderweitig orientieren müssen. Gar nicht selten finden wir dann in dieser unvorhergesehenen Richtung ein noch viel prächtigeres Tor, welches uns freundlich passieren lässt in eine neue Welt, vielleicht sogar ins Glück hinein. So gesehen sind Türen und Tore auch die Musen deines Lebens und lassen dich Unerwartetes und Unvermutetes entdecken.

Du selbst bist auch ein Tor, denn du entscheidest andauernd, was du in dich aufnimmst und was du aus dir entlässt: Bilder, Gedanken, Worte, Taten, Wissen, Freundschaften, Feindschaften, Genüsse und Kreationen. Du wendest dich Gewissem zu und lehnst anderes ab, du legst deinen Fokus auf das, was du in deinem Erlebnisraum haben möchtest – dem anderen verschliesst du den Zugang.

In dir drin sind tausend Türen. Hinter jeder ist ein anderer Aspekt von dir zuhause. Nach einigen verzehrst du dich und andere vermöchten dich zu Tode zu erschrecken, manche machen dich stolz, andere beschämen dich. Du hast ein Leben lang Zeit, sie zu erforschen.

Danke heute allen Türen und Toren, denen du begegnest, denn sie sind Wächter unserer Räume und zugleich die Musen unserer Veränderungsmöglichkeiten.

BEGEGNUNG 24
EI - NEUGEBURT

Zwischen Tag und Traum dämmerst du kontur- und uferlos dahin, lässt dich treiben von den sanften, unbestimmten Gezeiten einer schimmernden, wallenden Substanz, die sich mit dir zu vermischen scheint, obwohl sie dich gleichzeitig trägt. In diesen Gefilden tummeln sich die Samen allen Seins, blitzen auf, schweben vorbei, könnten Wurzeln fassen und in deinen Tag hinein wachsen, wenn nur wolltest. Doch die Vielfalt ist überwältigend gross und du bist zu diffus gestimmt, um zielgerichtet zuzugreifen in diesem Schlaraffenland der Möglichkeiten und eine erfolgreiche Wahl zu treffen. Nur zu gerne ergibst du dich momentan widerstandslos der Dynamik dessen, was geschehen soll, rollst dich nochmals ein zu einer schläfrigen Kugel und findest dich unvermittelt in einem Ei.

Es ist eng hier drin in deinem weissen Kosmos und dein Körper ist so sehr zusammen gefaltet, dass du seine Topographie verwirrend findest und dich selbst nicht definieren kannst. Durch die Eierschale kannst du schemenhafte Schatten erkennen und gedämpfte Laute dringen in dein Bewusstsein. Was mag da draussen sein, Wonne oder Weh? Eine Welt, die du dir nicht vorstellen kannst. Eine Welt, die du mit deinen Gedanken bebildern könntest und die erst Realität wird, wenn du die kalkige Hülle des Ei's durchbrichst und dich aufmachst ins Entdecken und Erfor schen. Das Erste, das dir begegnet, wirst du, vermutlich unwiderruflich als deine Mutter identifizieren und von ihr dein Wohl abhängig machen, dich ihren Grundsätzen fügen und ihre Gepflogenheiten übernehmen. Der pure Zufall entscheidet damit über deinen weiteren Weg. Denn ob eine Entenmutter dich empfängt und nicht ein anderes Tier, ein Mensch oder gar eine Maschine, ist zwar zeitabhängige Fügung aber dennoch bestimmend.

Möglicherweise bist du in deinem Ei aber auch ein junger Drache, wild und ungebärdig, autonom und rücksichtslos selbstorientiert. Hast du die Schale erst mal durchbrochen, braust du los wie ein Sturmwind, saust gleichermassen ungerührt über Brachland und saftige Gärten, Berge und Meer. Die Weite zwischen Himmel und Erde ist dein, ebenso wie ungestüme Bewegung an sich, von welcher du nie, nie ablassen würdest. Deine Schwingen brauchen Platz, deine Augen müssen in die Unendlichkeit schweifen können, dein Ruf lässt Planeten erschauern. Käfig, Gitter, Mauer und Zwang lassen dich mit gebrochenem Herzen zurück, blutarm und geisterhaft bleich – zugleich mit dir stürbe deine Welt. Doch dein Kampfgeist ist wach und so brennst du mit deinem Feueratem nieder, was dir den Weg versperrt und was faulig nach Kompromiss riecht. Als Drache bist du ganz „Ja" oder „Nein". Du musst dich annehmen in deiner Wildheit, denn diese trägt dich durch die Lüfte und ist dir Freund.

Abrupt holt dich das Klingeln des Weckers zurück in dein Bett und in deine Gedanken hinein. Mit geschlossenen Augen sinnierst du: Ist nicht jeder Morgen gleichbedeutend mit dem Öffnen eines Ei's? Ist nicht jeder Moment eine Neugeburt? Wie gross ist meine Chance, heute zu bestimmen, ob ich Ente oder Drache bin?

BEGEGNUNG 25
SEIFENBLASE - PARALLELWELTEN

Lasse warmes Wasser in deine Badewanne strömen und gib von Beginn weg etwas Schaumbad dazu. Nun kannst du beobachten, wie die Seife ein Eigenleben entwickelt. Blase um Blase entsteht aus dem Nichts. In allen Farben schillernd, zart und transparent, bildet jede ihr eigenes Universum. In deiner Badewanne plustert sich der Schaum auf, türmt sich zu wolkigen Gebilden, zu duftenden Bergen, die dich einladen, dich in sie einsinken zu lassen.

Und so lässt du dich hineingleiten in diese behagliche, leise knisternde Welt und blinzelst entspannt in die glitzernde Vielfalt der Seifenblasen, beobachtest ihr Entstehen und Vergehen. Kannst in jeder, wie in einem unendlich facettierten Spiegelkabinett, dein Abbild sehen in unzähligen, jeweils leicht veränderten Varianten. Wie wahr ist jedes dieser kleinen Ich's, auch wenn es dich aus minim anderem Blickwinkel zeigt. So wahr und gleichzeitig doch eine Illusion.

Stelle dir vor, wie unterschiedlich dich deine Freunde, Lehrer, Familienmitglieder, Arbeitskollegen oder wildfremde Leute auf der Strasse wahrnehmen. Erinnere dich, wie verschieden auch du selbst dich in diversen Situationen deines Lebens empfindest. Mal bist du souverän, grosszügig, geistreich, eloquent, kreativ und flexibel, bei anderer Gelegen heit stur, kratzbürstig, aggressiv, unversöhnlich und destruktiv. Sämtliche dieser Aspekte sind Teile von dir und Ausdrucksmöglichkeiten deiner Persönlichkeit. Schaust du sie an, scheinen sie dir real.

Ebenso verhält es sich mit der gesamten Realität. Das, worauf du dein Augenmerk richtest, zeigt sich fest und unverrückbar. Doch ist eine Tatsache tatsächlich die einzige Wahrheit? Quantenforscher meinen nämlich, dass eine Situation sowie ihr Gegenteil und sämtliche Abstufungen dazwischen gleichzeitig existieren. Verwirrend, denkst du?

Ja, aber auch grossartig! Es bedeutet doch, dass in deinem Schaumbad auch dein „Ich" in glücklich, erfolgreich, gesund, heiter und entspannt vorkommen muss. Du bist nicht festgelegt! Du kannst missliebige Seifenblasen platzen lassen und neue kreieren. Du bist imstande, dich neu zu erfinden und diese Erfindung als wahrhaftig zu betrachten. Denn sie ist es. Einzig deine neuronalen Einkerbungen, welche auf purer Gewohnheit basieren, streben nach der Sicherheit des Vertrauten und sträuben sich störrisch dagegen, Wahrnehmungen ausserhalb des Bekannten zu akzeptieren. So verhaftet ist dieses System dem Vertrauten, dass es lieber Schmerz, Groll und Trauer in Kauf nimmt (weil bekannt), als sich in neuartige Gebiete der Freude, Leichtigkeit und des Wohlbefindens vorzuwagen.

Du kannst weiterhin Diagnosen, Beurteilungen und Einschätzungen die Treue halten oder dir sagen, dass all dies

schillernde Seifenblasen-Momentaufnahmen sind - jeweils eine Möglichkeit unter vielen.
Die Welt ist ein Schaumbad und du kannst üben, ein geschickte, geschmeidige Wählerin zu werden. Wühle dich durch die Schaumberge der ungezählten Varianten, fokussiere diejenige, die dir Freude bereitet und erkläre sie zu deinem Kosmos.

Blubbere fröhlich und überschwänglich vor dich hin, betrachte und spiegle deine Umgebung aus unterschiedlichsten Standpunkten, vervielfältige dich, schillere, dufte, zerplatze ohne Furcht, im Wissen darum, dass stets unendlich viele Varianten deiner selbst im Entstehen begriffen sind.

BEGEGNUNG 26
DU – SCHÖPFERKRAFT

Die letzte Begegnung ist dem Wichtigsten in deinem Leben gewidmet – dir selbst.

Wann und wie oft hast du dir schon die Zeit und den Raum geschenkt, dir selbst unvoreingenommen zu lauschen? Kannst du von dir sagen, dass du deine treuste Freundin bist?

Lasse jetzt vor dir ein Double deiner selbst entstehen und biete ihm eine Sitzgelegenheit an. Setze dich ihm gegenüber und betrachte es freundlich, so, als würdest du es zum ersten Mal sehen und wärst erpicht darauf, es kennen zu lernen. Falls du dies schwierig findest, kannst du dich auch vor einen grossen Spiegel setzen und dein Spiegelbild als Übungspartnerin nehmen.

- Wie wirkt es auf dich?
- Ist es dir sympathisch und fühlst du dich zu ihm hingezogen?
- Was fällt dir speziell an deinem Gegenüber auf, vielleicht eine Besonderheit, die dich fasziniert oder irritiert?
- Wo im Körper deines Vis à-vis stellst du die intensivste Energieansammlung fest, welche Stellen wirken leer oder nicht dazugehörig?
- Wenn du deinem Double ein Geschenk überreichen oder

ihm mit einer Aktivität Freude bereiten könntest, was käme dir spontan in den Sinn?
- Wenn du mit ihm an einen Ort gehen würdest, der euch beiden behagt, welcher wäre das?

Nehmt euch an der Hand und beamt euch jetzt exakt an diesen bezaubernden Ort. Atmet die Luft dort, bewandert das Gebiet, beseht euch die Vegetation, werdet euch der Gerüche gewahr und achtet auf die Tiere, denen ihr begegnet. Bestimmt die Tages- oder Nacht- und die Jahreszeit, wählt eure Lieblingstemperatur.Wenn es sich anfühlt, als wärt ihr im Paradies angekommen, geniesst es, freut euch, gönnt euch diese Herrlichkeit von Herzen.

Falls noch etwas Störendes existiert, verändert es gemeinsam, so leicht, als ob ihr Magierinnen wärt, und so lange, bis euer Ort ein Wohlfühlort geworden ist. Kreiert euch verschiedene Plätze, damit ihr etwas Abwechslung habt. Ladet Leute, Krafttiere oder Wesenheiten zu euch ein, mit denen ihr interessante Gespräche führen könnt.

Werdet euch bewusst über das, was bereits in eurer Reichweite liegt und in euch tiefe Dankbarkeit erzeugt. Nennt alle diese Schätze und Kostbarkeiten laut und freudig bei ihren Namen, damit sie die Würdigung empfangen und darob erstarken können. Bekräftigt, dass alles in euch und um euch herum zu eurem Lebens-Team gehört und ihr alle einander mit Freude beitragt und euch gegenseitig inspiriert und unterstützt.

Besprecht zu zweit oder mit euren neuen Freunden, was ihr eurem realen Leben hinzufügen könntet, um es noch beschwingter, reicher und glücklicher werden zu lassen. Findet gemeinsam Möglichkeiten, noch mehr lustvolle Kreativität zu entwickeln.

Vielleicht gibt euch eine Verkleidungskiste die nötigen Utensilien, um euch in alle möglichen und unmöglichen Figuren zu verwandeln und auszuprobieren, wie diese oder jene Rolle passen und euch schmecken würde. Was wolltest du schon immer darstellen, fühlen, ins Leben bringen? Wie weisst du, ob dir das, was du als elementar wichtig ersehnst, wirklich Freude bereitet, wenn du es nie hast spüren können? Hier steht nun der innere Proberaum für euch bereit, um möglichst viele Facetten und Konzepte zu erforschen. Das ist gewiss ein lustiges Welttheater, welches euch ein übers andere Mal zum Lachen bringt.

Wenn ihr gefunden habt, was euch vital und leuchtend sein lässt, so verschmelzt damit und macht es euch dadurch zu eigen. Weil ihr zu zweit seid, steht euch das doppelte Potenzial zur Verfügung und ihr könnt euch gegenseitig ermuntern, verrückt genug zu sein, um dem Glück, der Freude und der eigenen Kraft zu vertrauen.

Wann immer du eine Bekräftigung brauchst in deinem Alltag, erinnere dich an dieses Erlebnis, rufe dein Double herbei, siehe es deutlich vor dir, lächle ihm zu und dann lade es ein, mit dir zu verschmelzen – spüre diese, eure Kraft im Doppelpaket.

Dieser Vorgang wird Verschränkung genannt und im nächsten Kapitel noch genauer erläutert. Es ist keineswegs ein Hirngespinst, sondern einerseits von der modernen Wissenschaft bewiesen und andererseits seit Jahrhunderten von Schamanen praktisch erprobt und auf seine Wirksamkeit erfolgreich geprüft.

Du siehst nun, dass deine Schöpferkraft sich tatsächlich in immer weitere Gebiete auszudehnen beginnt, weit, weit über die sogenannte Realität hinaus und mitten hinein in den Ozean aller Möglichkeiten.

TEIL 3
QUANTENTRANSFORMATION

ES BLEIBT INTERESSANT

Du hast nun bereits zahlreiche Erfahrung in der Begegnung mit der Materie gesammelt und dabei sicherlich einige Aha-Erlebnisse gehabt. Stimmst du mir zu, dass deine Sicht auf die Welt sich in der Zwischenzeit erneuert und verändert hat und du die Dinge mit anderen Augen betrachtest? Aber es wird noch besser.

Gewiss hast du schon von der Quantenverschränkung gehört oder gelesen. Diese ist ein unerschöpfliches Spielfeld und ein beinahe magisches Werkzeug, um dich inniger als es zuvor je möglich gewesen ist, mit Energien und Mustern zu verbinden. Da du durch dein dich Einlassen auf die Materie dein Spektrum des Variantenreichtums schon beträchtlich erweitert hast, wird es dir nun ein Leichtes sein, situationsadäquat **die** Energie oder **das** Muster ausfindig zu machen, welche dir bei der Lösung einer Situation am Dienlichsten ist.

GRUNDSÄTZLICHES ZUR QUANTENWELT

Natürlich bin ich (noch) keine Quantenphysikerin. Aber Einiges, was ich über wissenschaftlichen Ergebnisse und Überlegungen gelesen und verstanden zu haben glaube, inspiriert mich ohne Ende und deswegen möchte ich es dir vorstellen.

Erwähnenswert sind vorab vier Grundsätze, die die Quantenwelt betreffen. Sie offenbaren Erstaunliches und vermögen sehr wohl unser bisheriges Weltbild ins Wanken zu bringen, was jedoch nicht nur irritierend ist. Vielmehr eröffnen diese Feststellungen moderner Quantenforscher ein ganz neues, grossartiges Feld der Möglichkeiten, welches einschränkende Glaubenssätze durch neue Gedankenmodelle und einen markant erweiterten Aktionsradius ersetzen wird. Nun, deine Gehirnwindungen werden schon etwas ins Trudel kommen, aber das schadet ihnen nichts – sie gewinnen dadurch eher noch an Beweglichkeit und Kreativität. Lass dir also kurz die erwähnten 4 Grundsätze aufzeigen.

GRUNDSATZ 1
DIE UNSCHÄRFERELATION

Es können anlässlich quantenphysikalischer Untersuchungen nur entweder Ort oder Geschwindigkeit eines Elektrons erfasst werden. Sämtliche, noch so raffinierten Geräte sind ausserstande, beide Eigenschaften subatomarer Teilchen zugleich festzustellen. Folglich ist eine Situation nie gänzlich und abschliessend zu identifizieren.

Auf das normale Leben übertragen, bedeutet dies, dass wir nicht in der Lage sind, alle Aspekte einer Situation, z.B. einer Krankheit oder eines Konfliktes zu überblicken. Das ist gut, denn dadurch ist jede Situation viel flexibler und unbestimmter, als wir zuweilen meinen. Das heisst, sie trägt in sich bereits die Möglichkeit einer anderen Variante ihrer selbst, also auch das Potenzial einer positiven Veränderung

GRUNDSATZ 2
DIE QUANTENVERSCHRÄNKUNG.

Seit dem Urknall ist Alles mit Allem verbunden. Das nennen die Physiker Quantenverschränkung. Miteinander verschränkte Objekte können nachgewiesenermassen Information ohne Zeitverzögerung voneinander übernehmen. Sämtliche bewussten Wesen (und was ist ohne Bewusstsein?) sind daher eigentlich in der Lage, unverzüglich miteinander zu kommunizieren und dabei jegliche Distanz mit Leichtigkeit zu überwinden. Auch die Zellen des menschlichen Körpers unterliegen diesem Prinzip und kommunizieren unablässig miteinander. Dieser Informationsaustausch spielt auch zwischen Mensch und Mensch, Mensch und Tier, Mensch und Pflanze, Mensch und allen sonstigen Erscheinungen.

Das ist grossartig, denn dadurch ist dir jegliche Information zugänglich, die dir zu Diensten sein könnte. Das Abrufen dieser Informationen will bloss noch etwas geübt werden. In unseren Schulen wird diese Disziplin leider (noch) nicht gelehrt.

GRUNDSATZ 3
DER BEOBACHTEREFFEKT

Dieser Grundsatz ist besonders „tricky", denn er beschreibt die Auswirkung auf ein Geschehen durch die blosse Anwesenheit eines Beobachters. Offenbar ist es nicht egal, ob, wer und in welcher Erwartungshaltung jemand ein Ereignis beobachtet. Es scheint, als ob zu Beginn ein Bündel von möglichen Entwicklungen vorhanden sei, aus welchem der Beobachter, je nach dessen Neigung, eine Möglichkeit zum Entstehen bringt: Die Vielfalt kollabiert in etwas Sichtbares, Messbares, Feststellbares hinein – in das Eine hinein, das wir dann Realität nennen. Dass parallel dazu, noch unzählige weitere Realitäten in unendlichen Variationen existieren, vermögen wir im Normalfall nicht wahrzunehmen. Und dass wir die Auswahl dessen, was uns begegnet, entscheidend mitbeeinflussen, erkennen wir erst allmählich aufgrund neuster wissenschaftlicher Erkenntnisse und aktueller spiritueller Literatur.

Deswegen ist es in der praktischen Anwendung der Quantenarbeit so hilfreich, sich nach der Eingabe der Intention in einen „gedankenfreien" Raum zu begeben. Auf diese Weise werden hinderliche, ängstliche oder besorgte Erwartungen neutralisiert und können die Entwicklung nicht in eine ungewollte Richtung schubsen.

GRUNDSATZ 4
DIE NICHT-LOKALITÄT

Vermutlich bist du nun schon einiges Erstaunliches gewöhnt und durch nichts mehr zu erschüttern, oder? Und doch schnappst du jetzt vielleicht gleich nach Luft. Denn ein subatomares Teilchen kann an mehreren Orten gleichzeitig sein. WOW! Das heisst, es bestehen gleichzeitig mehrere Realitäten nebeneinander (du erinnerst dich an das Schaumbad). Paralleluniversen existieren also.

Du magst dich hier und jetzt schlapp, erfolglos und unattraktiv fühlen – in einem Paralleluniversum bist du dynamisch, ausserordentlich beliebt und überaus attraktiv. Nichts spricht dagegen, dass deine Realität allmählich oder sofort oder irgendwann in Richtung deines Wunsch-Paralleluniversums rutschen kann.

DIE ZWEI-PUNKT-METHODE

Obwohl die Zwei-Punkte-Methode bereits einen grossen Bekanntheitsgrad erreicht hat, stelle ich sie dir hier kurz vor. Die Arbeitsweise ist in ihrer Grundanlage schlicht, pur und einfach, und gerade deswegen ein Werkzeug, welches in unendlicher Variationsbreite kreativ angewendet werden kann.

Ob du nun körperliche, spirituelle, psychologische oder mentale Themen bearbeiten möchtest, ist einerlei. Du suchst zuerst den einen Punkt und nimmst diesen mit allen Sinnen wahr, danach eruierst du Punkt Nummer Zwei und konzentrierst dich gänzlich auf diesen. Schliesslich wirst du dir beiden gleichzeitig gewahr und verbindest sie durch deine ungeteilte Aufmerksamkeit. Die dadurch hervorgerufene Verwandtschaft der beiden bringt ein neues Universum hervor, welches nicht ohne Wirkung bleibt. Es erfolgt eine Befruchtung oder Inspiration, eine Erweiterung des Seienden auf jeden Fall.

Du wirst die Dynamik des Geschehens fühlen, indem eine Welle des Friedens, der Freude und des Wohlbefindens dich durchflutet. Du betrittst den angenehmen Raum der Neutralität, von welchem aus sich vieles neu ordnen kann. Du erlebst Heimatlichkeit und Aufgehoben-Sein sowie eine Zunahme von Vitalität und Klarheit.

Je öfter du den Quantenraum aufsuchst, desto leichter fällt dir der Zugang und desto selbstverständlicher kannst du die damit verbundenen positiven Impulse in deinen Alltag integrieren.

Nachfolgend sollen dir einige spielerische Anregungen der Quantenarbeit gezeigt werden, die du nach Belieben variieren und ausbauen kannst. Auch wenn dir das Ganze zu Beginn irreal und fantastisch vorkommt und deine bisherigen Glaubensmuster gehörig durcheinander schüttelt, wirst du dich allmählich an den neuen „Spielplatz" gewöhnen und dein Vergnügen daran finden. Dein Experimentieren gefährdet nichts und niemanden, es macht dich höchstens geschmeidiger und erwartungsfroher. Du wagst es nämlich, Wunder und Heilung durch ein unterstützendes, dir freundlich gesinntes Universum als möglich zu erachten. Wie herrlich, wenn du wundersame Wendungen dann auch wirst bezeugen können.

Magst du nun einen Versuch wagen? Gibt es aktuell eine Herausforderung, die deinen üblichen Problemlösungsstrategien stur widersteht? Ideal!!! Dann kann es nicht schaden, unternehmungslustig etwas Neues auszuprobieren.

VORGEHEN

Du analysierst kurz die aktuelle Fragestellung und suchst danach in deinem Erfahrungsschatz nach dem geeigneten Helfer. Beide schreibst du auf ein Blatt Papier. Jetzt legst du den einen Zeigefinger (Punkt 1) auf das Wort, das die Herausforderung beschreibt, und den anderen Zeigefinger (Punkt 2) auf das Wort, das die unterstützende Energie verkörpert. Du fühlst konzentriert einige Minuten in den einen, und einige Minuten in den anderen Finger. Spürst die Glätte des Papiers, nimmst Wärme- oder Kälteempfindungen wahr oder ob deine Finger etwa pulsieren. Daraufhin versuchst du, beide Finger gleichzeitig zu spüren. Du verbindest die beiden Punkte, die beiden Empfindungen zu einer. Nun sagst du:

„**Die beiden Komponenten verbinden sich zur bestmöglichen Lösung, zum bestmöglichen Resultat.**"
Und :
„**Alles ist Energie und Information.**"

Im Vertrauen auf das zuverlässige Wirken des Quantenfeldes lässt du nun alle Gedanken frei fliessen und hältst einzig deine beiden Fingerspitzen in deiner Aufmerksamkeit. Du brauchst wirklich nichts sonst zu tun. Nach kurzer Zeit wirst du eine Art Energiewelle verspüren, die dich erfasst, dich vielleicht entspannen, dich leicht schwanken, tief aufatmen oder seufzen lässt – dies ist das Zeichen, dass deine Absicht

Resonanz gefunden hat und die Quantenwelle kollabiert.

Möchtest du „wissenschaftlich", will heissen überprüfbar arbeiten, kannst du vor und nach der Quantenarbeit auf einer Skala von 1 bis 10 festhalten, wie gravierend dein Problem ist. 1 ist die mildeste Auswirkung, 10 bildet die massivste Variante der Störung ab. Die entsprechende Zahl wird sich bei deiner Nachfrage automatisch zeigen und belegt, zumindest für dich, ob und in welchem Ausmass eine Besserung oder Entlastung eingetreten ist. Auch wenn sich vorab nur eine geringfügige Veränderung zeigt, darfst du zufrieden sein, denn sie beweist, dass ein Prozess angestossen worden ist, welcher sich fortsetzen und mit der Zeit noch tiefergreifende und nachhaltigere Fortschritte erzielen wird.

Selbstverständlich kannst du den Vorgang nach Belieben wiederholen, einige Male hintereinander oder an einigen, aufeinander folgenden Tagen. Einfach so, dass du dich wohl und aufgehoben fühlst. Nach und nach wird deine Skala immer niedrigere Zahlen zeigen und auf diese Weise dein Vertrauen ins Quantenfeld vergrössern: Ein Umkehreffekt, welcher Freude bereitet.

WENN WILLE NICHT MEHR NOTWENDIG IST

Seit früher Kindheit sind wir darauf trainiert, dass unser Einsatz und unser Bemühen vonnöten sind, um akzeptable Resultate und Erfolge zu erzielen. Wir funktionieren oft nach dem Motte „Wo ein Wille ist, da ist ein Weg". Wenn wir also in gewissen Bereichen nicht das erreichen, was wir uns wünschen, folgern wir messerscharf, dass unser Wille und unser Einsatz mangelhaft gewesen sein müssen. Eine Erkenntnis, welche nicht gerade zu einer Steigerung unseres Selbstwertgefühls beiträgt. Naturgemäss verdoppeln wir daraufhin unsere Anstrengungen, was nicht selten zu einer verkrampften und verbiesterten Lebenshaltung führt. Denn wir agieren ja aus einem Empfinden des Mangels und der NOTwendigkeit heraus. Laut Resonanzgesetz haben es die Fülle, die Freude und das Wohlgefühl dann schwer, in deinem Gewahrsein und damit in deiner Realität aufzutauchen.

Die Quantenarbeit lehrt dich nun, dir wohl darüber klar zu werden, was du anstrebst und entsprechende Impulse zu setzen, die Ausführung der initiierten Projekte jedoch in Zusammenarbeit mit dem grösseren Ganzen zu realisieren. Du bekommst die Chance, dich neu zu erleben: Als Kind des Universums. Als geliebtes Kind des Universums notabene. Du brauchst bloss noch einen emotionalen Raum für deine angestrebte Wirklichkeit zu schaffen und diese als potenziell möglich anzuschauen – den Rest überlässt du den Quanten. Du öffnest die Türe für eine andere Variante der Wahrscheinlichkeit und das Leben ergiesst sich wie von selbst dort hinein. Du musst weder Krafttraining noch Gehirnjogging üben, damit das klappt. Du darfst dich einfach der Quantenwelle hingeben und die Wohltat deren Vibration geniessen. Es ist eine Woge, die dich , vielleicht auf originellere Weise als von dir geplant, zu Aktionen animiert und dich mit der nötigen Schubkraft versorgt, um die ersehnte Erfüllung zu erlangen. So dass dein Alltag sicherlich an Leichtigkeit gewinnt und du spielerischer, fantasievoller und beschwingter zu Werke gehen kannst.

Wohlan, lass dir an einigen Beispielen zeigen, wie das funktionieren könnte.

BEISPIEL 1
TEFLONPFANNE UND BLAMAGE

Du hast dich fürchterlich blamiert, hast dich daneben benommen, dich in die Nesseln gesetzt. Oh Schreck! Nun drehen sich in deinem Hirn die immer gleichen Gedanken von „hätte ich doch…,wäre ich doch nicht." Du zermürbst dich begnadet und ohne Ende mit unzähligen Wiederholungen deiner Gewissensbisse und Selbstvorwürfe. Willst du dich von dieser Qual befreien? So schreibe auf das Papier:

BLAMAGE und TEFLONPFANNE.

Kann es sein, dass du lächelst? Das ist schon mal gut. Mit Humor geht alles einfacher.

Nun erinnere dich an eine Teflonpfanne und daran, wie leicht das Spiegelei, das du in ihr gebraten hast, nach vollendeter Braterei auf deinen Teller gerutscht ist. So leicht wirst du nun dein Gedankenkarussell aus deinem Kopf gleiten lassen, nicht wahr? Bereitwillig lösen sich, nach dem Vorbild der Teflonpfanne, deine Selbstvorwürfe und die im Nachhinein nutzlosen Verbesserungsvorschläge und verlassen brav deinen Schädel und dein Bewusstsein.

Lege jetzt wie beschrieben die Spitzen deiner Zeigefinger je auf ein Wort und sage oder denke:

„Die beiden Komponenten verbinden sich zur bestmöglichen Lösung, zum bestmöglichen Resultat."
Und :
„Alles ist Energie und Information."

Fortan konzentrierst du dich bloss noch auf das Gefühl in deinen Fingerspitzen und überlässt alles andere den emsigen Quanten. Relaxe. Atme. Spüre deine Fingerspitzen. Und wenn dich dann die Welle durchflutet, wiege dich in der Gewissheit, dass deine Botschaft angekommen ist.

Geht es dir schon besser? Du kannst dies auf deiner Befindlichkeitsskala erforschen. Möglicherweise fühlst du dich jedoch spontan so beglückt und federleicht, dass keine weiteren Massnahmen von Nöten sind. Ansonsten wiederholst du den Vorgang. Alleine schon die ausschliessliche Fokussierung auf deine Fingerspitzen befreit dich vom kräftezehrenden Nachdenken, vergeblichen Schweissausbrüchen und nachträglichem Erröten in Erinnerung an deine Blamage.

DAS DREIECK

Mir gefällt im Zusammenhang mit diesem Vorgang das Bild des Dreiecks. Du kennst es mit Sicherheit: These, Antithese und Synthese haben es sich in je einer Ecke des Dreiecks gemütlich gemacht. Dies kommt mir wie ein Wunder vor, denn zu Beginn standen sich These und Antithese fremd und abweisend, ja gar unversöhnlich gegenüber. Erst wenn eine höhere Dimension mit ins Spiel kommt, ordnen sich die Kontrahenten neu, werden konstruktiv und kreativ und bringen eine dynamische Harmonie in die Situation.

Durchaus vergleichbar mit diesem Vorgang scheint mir die Quantenarbeit zu sein. Zuerst stehst du an einem Punkt, der deiner momentanen Realität/Herausforderung entspricht – dann sehnst du dich nach einer idealen Situation/Verbesserung/Entlastung/Erleichterung, welche dir jedoch eher unwahrscheinlich zu erreichen erscheint und zuletzt kommt als Katalysator, welcher alles in heilsame Bewegung bringt das Quantenfeld ins Spiel.

Damit sich etwas verändern kann, braucht es alle drei Komponenten. Fehlt nur eine davon, ergibt sich weder Anlass noch Impuls noch Transformation. Findest du es nicht auch erstaunlich, dass jeder der drei Faktoren demnach von gleicher Wichtigkeit und gleichem Wert ist? Oder hättest du spontan ein Problem und dessen Lösung als gleichwertige Partner einer Entwicklung taxiert? Wenn bislang das „Problem" stets die Rolle des Bösewichtes hatte und möglichst rasch dingfest und aktionsunfähig gemacht werden sollte, so ist ihm diese Einteilung meiner Meinung nach nicht gerecht geworden. Das Problem, der Stolperstein, das Hindernis, die Stockung sind im Gegenteil Impulsgeber und Initianten. Ohne sie würde die Quantensuppe zufrieden vor sich hin dümpeln und sähe keinen Anlass, in Schwung zu kommen und zu kreieren. Und ähnlich verhält es sich wohl auch mit uns Menschen. Ohne Herausforderungen würden wir zu Couch-Potatoes mutieren – dabei sind wir doch alle Abenteurer und Space-Cruisers. Lieben wir also unsere Herausforderungen, begrüssen wir unsere Wünsche und jonglieren wir mit dem Quantenfeld. Letztlich ist tatsächlich alles Energie, Leben, Fluss. Wünsche und Herausforderungen sind kreative Impulse.

BEISPIEL 2
ORANGE UND MISSMUT

Du bist heute mit dem linken Bein zuerst aufgestanden, hast unerklärlich schlechte Laune, bist grantig, bissig, missmutig und megafrustriert darüber, dass du dich nicht besser im Griff hast. Ich schlage dir in dieser Situation die Begriffe MISSMUT und ORANGE vor.

Wenn du schon mal eine Orange geschält hast, wird dir ihr unbeschreiblich süss-frischer Duft lebhaft in Erinnerung sein und in dir das Gefühl von Sonne, Wärme, Entspannung und Vitalität wachrufen. Die fröhliche Farbe der Südfrucht kann zusätzlich Leichtigkeit und Unternehmungslust generieren. Was könntest du momentan besser brauchen als all diese Gaben der Orange?

Du schreibst also wiederum die beiden Worte auf einen Zettel und legst deine Zeigefingerspitzen auf je einen Begriff. Das weitere Vorgehen ist dir bekannt. Du beobachtest deine Finger und wartest getrost auf das Wohlgefühl, das sich demnächst einstellen wird.

BEISPIEL 3
SPINNENNETZ UND KONFUSION

Es wird dir vermutlich ähnlich ergehen wie den Meisten von uns – Konflikte und Konfusionen bleiben dir nicht erspart. Leichtfüssige Zeiten, die dich tänzerisch sämtliche Herausforderungen mit Eleganz bewältigen lassen, wechseln sich ab mit Tagen, die dich mitten im wildesten Strudel antreffen. Du weisst kaum, welche Aufgabe du als Nächste lösen sollst, geschweige denn wie. Gedanken und Gefühle spielen verrückt, die Nerven liegen blank, deine Souveränität bleibt schmählich auf der Strecke. Nun, da ist guter Rat teuer. Oder etwa nicht?

Probiere einmal die Kombination KONFUSION – SPINNENNETZ aus. Du möchtest ja Ordnung und Klarheit in das Gewirr und Gespinst deiner momentanen Überforderung bringen. Eine bessere Expertin als die Spinne wirst du kaum finden. Sie produziert selbst diesen schier endlosen, seidenfeinen Faden (so wie du deine Lebensumstände selbst kreierst), spannt diesen strategisch klug zwischen geeignete Fixpunkte und fertigt danach geduldig ihr wunderschönes Netz. Spannfäden und Querverbindungen ergeben schliesslich ein harmonisches, funktionstüchtiges Gesamtkunstwerk, welches nicht nur das Auge entzückt, sondern auch für Nahrung und Heimat sorgt und den verfügbaren Lebensraum strukturiert. Lauter kleine, übersichtliche Rechtecke bilden überschaubare, leicht zu bewältigende Segmente, welche gut zu bewirtschaften sind.

Du schreibst also die beiden Begriffe auf einen Zettel, legst in bekannter Manier deine Fingerspitzen auf und proklamierst:

„Die beiden Komponenten verbinden sich zur bestmöglichen Lösung, zum bestmöglichen Resultat."
Und :
„Alles ist Energie und Information."

Während du dich entspannt auf das Gefühl in deinen Fingerspitzen konzentrierst und tief atmest, setzt vermutlich bereits der Integrationsprozess ein. Erwarte nichts Bestimmtes. Lass dich überraschen. Spiele mit den Quanten. Wenn es in deine Pläne regnen sollte, sei nicht enttäuscht – Regentropfen in einem Spinnennetz sehen nämlich zauberhaft aus.

BEISPIEL 4
SCHLAGZEILEN UND KRITIK

Falls du dich heute dabei ertappst, dass du ständig innerlich am Meckern und Herummäkeln bist, dich, andere und überhaupt alle Umstände schlicht bescheuert und zum Davonlaufen findest, liesse sich schon Frustration als Auslöser identifizieren.

Stelle dir deine Aussagen als Schlagzeilen eines Boulevard-Blattes vor. Schön gross und dick geschrieben und an jedem Kiosk als Werbeplakat angeschlagen.

Wolkenbruch ruiniert neue Schuhe
Mittagessen angebrannt – Familie hungert
Hüftgold löst Depression aus
Wieder Überzeit ohne Kompensation

Na, so berauschend ist das nicht, aber herrlich dramatisch. Wenn du dich ein Weilchen im Drama gesuhlt hast, magst du vielleicht zur aktiven Schöpferin und zur kreativen Schlagzeilenschreiberin deines heutigen Tages werden. Denn wieviel angenehmer und befriedigender wäre es, wenn du die Zeitung und deren Schlagzeilen nach deinen Wünschen gestalten könntest. Die Welt würde sofort erfreulicher aussehen.

Ein neuer Tag mit neuen Möglichkeiten

Mein Lächeln ist ansteckend
Erfolg folgt mir auf Schritt und Tritt
Ich bin ein liebevolles Quantenbündel

Das tönt schon besser. Wie umfangreich deine Zeitung wohl wird? Auch wenn sie eher ein Flugblatt als eine dicke Illustrierte sein sollte, lohnt es sich für dich, dich mit ihr zu verbinden. Es kann ja nur noch besser werden, denn Gutes zieht bekanntlich noch mehr Gutes nach sich. Notiere also frohgemut alle Aufsteller, die dir in den Sinn kommen und würdige die dir eigene Kompetenz. Und jetzt verbinde dich mit den Frohbotschaften und lege je eine Fingerspitze auf folgende Worte:

Kritiker – Meine Zeitung

Nun bist du schon Profi und harrst gelassen der Dinge, die da kommen werden. Du hast so viele positive Seiten an dir entdeckt, sie eingesammelt und dich über sie gefreut. Wie gut, dass du dich auch auf energetischer Ebene mit ihnen verbinden kannst. Du wirst sehen, deine Freudenbotschaft-Zeitung wird an Umfang gewinnen.

BEISPIEL 5
SIEBENSCHLÄFER UND SCHLAFLOSIGKEIT

Ob heute Vollmond ist? Jedenfalls wälzt du dich schlaflos in deinem Bett und bist nachgerade ärgerlich, dass du auf die verdiente Erholung und Entspannung unfreiwillig verzichten musst. Es ist ungeheuer lästig und strapaziös, nicht einschlafen zu können, wahrhaftig. Du befürchtest bestimmt, dass du morgen unausgeruht zur Arbeit gehen musst und jeder dir deine nächtliche Tortur schon von weitem ansehen wird.

Da du dich nun bestens auskennst mit der Beschaffung situationsadäquater Information, die hilfreich ist, überlege dir, wer Experte sein könnte zum Thema Schlaf. Du wirst mir umgehend eine laaaaange Liste präsentieren können von Murmeltier über Siebenschläfer bis Faultier. Ich gratuliere dir zu deinen korrekten Antworten. Nun gut, eine kleine Einwendung ist anzubringen: Das Faultier pflegt zwar einen gemächlichen Lebenswandel und zeichnet sich durch seine Bewegungen im Zeitlupentempo aus, wenn ich mir jedoch seine hängende Position vor Augen führe, beginnen meine Hand- und Fussgelenke zu schmerzen. So entspannend scheint diese Art des Ausruhens aus menschlicher Sicht also nicht zu sein. Die Murmeltiere hingegen sind perfekte Chiller, die sich monatelang in heugepolsterten Erdhöhlen aufhalten und auf diese Weise die kalte Winterzeit recht behaglich verbringen. Siebenschläfer sind ebenfalls ideale Schlafvorbilder. Schon wenn du an das seidenweiche Fell dieser Tiere denkst, beginnst du unwillkürlich, dich zu entspannen. Und wenn du dir dann noch vorstellst, wie sie sich in der Baumhöhle an ihre Artgenossen kuscheln und sich der Atemrhythmus der dösenden Gruppe allmählich harmonisiert, wirst auch du innert Minuten ganz schläfrig und traumbereit.

DIE ZWEI-OHR-METHODE

Da du wohl kaum ein Blatt Papier mit ins Bett nimmst, schlage ich dir eine neue Technik vor, um die zwei erforderlichen Punkte herzustellen. Ich finde es ganz zweckdienlich und lustig, hierzu deine Ohren als Fixpunkte zu nutzen. Du ordnest ganz einfach jedem Ohr einen Begriff zu: also dem einen Hörorgan „Schlaflosigkeit" und dem anderen „Siebenschläfer". Zuerst konzentrierst du dich auf das erste, danach auf das zweite und schliesslich auf beide Ohren gleichzeitig. Wie gewohnt sagst du zuversichtlich „Alles ist Energie und Information" und wartest dann auf die heilsame Welle, welche sich unvermeidlich einstellen und dir eine erholsame Nacht bescheren wird.

BEISPIEL 6
BETT UND UNIVERSUM

Ein weiterer Experte für tiefen Schlaf ist dein Bett selbst. Seine Lebensaufgabe ist ja, dir Geborgenheit zu vermitteln und dir Ruheplatz zu sein. Lass deine Gedanken schweifen zu den Materialien, aus denen es gefertigt ist. Spüre deren Ursprung und Entstehungsweg nach. Dies beschäftigt deinen unruhigen Geist und macht dir einmal mehr die vielfältigen Vernetzungen bewusst, in denen du lebst. Dein Bett ist nämlich nicht bloss ein simples Möbelstück, sondern es hat eine recht umfangreiche Biographie. In irgendeinem Wald ist der Baum gewachsen, aus dessen Holz Förster, Holzarbeiter und Schreiner das Bettgestell fertigten und ins Möbelhaus lieferten. Aus der tiefen Erde kamen Metalle für Verstrebungen, Schrauben und Stützleisten des Bettes via Bergbau, Metallverarbeitungsfabriken und Handelsfirmen zu dir. Einige Tiere haben ihre Federn oder ihre Wolle für Matratze und Bettzeug zur Verfügung gestellt. In langwierigen Prozessen wurde aus Öl Kunst- und Schaumstoff für weiche Polsterung gewonnen und Baumwollpflanzen spendeten ihre weiche Frucht, um von flinken Händen geerntet und zu Stoff verarbeitet zu werden. Kreative Köpfe ersannen wunderschöne Muster, die nun deine Bettwäsche zieren. Dazu brauchte es Farbe, die wiederum aus aller Herren Länder stammt, richtig gemischt und mithilfe grosser Druckermaschinen auf den mittlerweile fertig gewobenen Stoff aufgebracht werden musste. Geschickte Näherinnen nähten die Stoffe auf ratternden Maschinen im Akkord zu Duvet- und Kissenbezügen, welche säuberlich gebügelt und ansprechend verpackt, dich zum Kauf verlockten.

Stelle dir vor, wie viele Ideen, Impulse, Bewegungen und Energie dich in Form deines Bettes umgeben. Wie viele unsichtbare Beziehungs-Fädchen dich von hier mit der Welt verbinden. Du ruhst inmitten eines eigenen „Bett- Universums". Grossartig und Grund zu herzerwärmender Dankbarkeit, oder?

Fühle dich geehrt wie eine Königin, ein König, lass dich einsinken in dein kostbares Reich und träume herrlich. Dein Bett-Universum ist dir zu Diensten, so wie auch alles andere bereit steht, um mit dir zu interagieren.

BEISPIEL 7
ROTER TEPPICH UND BEDEUTUNGSLOSIGKEIT

Bist du sporadisch darüber frustriert, dass du zu wenig Beachtung, Anerkennung und Lob erfährst? Beneidest du die Reichen und Schönen dieser Welt gelegentlich um ihren Einfluss und ihre Prominenz? Ich auch. Abgesehen davon, dass Neid eine durchaus positive Eigenschaft ist, da sie dir deine Wünsche und Sehnsüchte ins Bewusstsein ruft und dir deine ganz persönliche Wegfindung zu bestimmen hilft, kannst du dir bei Bedarf auch selbst den roten Teppich ausrollen. Stelle ihn dir einfach vor: leuchtend rot, flauschig, zwei Meter breit und 100 Meter lang. Dein privater Laufsteg, auf dem du dich austoben kannst.

Entspricht deine Körperhaltung dem bedeutenden Anlass oder sind deine Schultern eingesunken, dein Blick gesenkt? Richte dich auf, leuchte, strahle. Sieh' dich in deinem schönsten Gewand, mit wohlfrisiertem Haar, herausgeputzt und wunderschön. Als Frau kannst du dir gefahrlos Highheels überstreifen, denn auf dem weichen, roten Teppich rutscht du mit Sicherheit nicht aus. Lauf jetzt los. Nein, schreite!

Bewundere dich selbst und zolle dir Anerkennung. Geniesse es, in deinem Mittelpunkt zu sein und zu glänzen. Du hast nun die grossartige Gelegenheit, dich 100 Meter lang prominent und angesehen zu fühlen.

Falls du das wirklich toll findest, dann hole dir die Qualität dieses Erlebnisses in dein Energiefeld, indem du BEDEU-TUNGSLOSIGKEIT und ROTER TEPPICH quantenmässig verbindest. Danach solltest du dringend das mondäne Gehen auf Stöckelschuhen oder das elegante Binden einer Kravatte üben, denn es ist nicht abzusehen, was noch aus dir wird. Die Welt wartet auf dich.

TEIL 4
MATERIE ALS PATIN

Du hast nun bemerkt, dass du jederzeit inmitten eines Ozeans von Kraft und Weisheit zuhause bist. Wohin du dich auch wendest, triffst du auf Bewusstsein, welches dich zu Interaktion und Dialog einlädt. Das Leben mitsamt all seinen Erscheinungsformen darf durchaus persönlich genommen werden. Es will mit dir zu tun haben, dich inspirieren, dich bestärken und ermutigen, falls dies auch dein Wunsch ist und du dich dafür öffnest. Dieses kraftvolle, vielfältige Universum ist bereit, sich auf Verwandtschaften aller Art mit dir einzulassen. Es ist verbrüdert mit dir seit dem Anbeginn der Zeit und spielt mit dir auf gleicher Augenhöhe. Es kann aber auch dein Pate sein und dich sorglich durch herausfordernde Zeiten tragen, dich in seine Obhut nehmen, dich schulen und alles Erforderliche zu der Entfaltung deines Potenzials beisteuern.

Unsere Befähigung, auf die Stimme des Universums und die Stimme der Materie zu lauschen, ist wohl gelegentlich etwas eingeschlafen und ungeübt. Mit zu vielen Inputs aus TV, Zeitung, Internet und sonstigen Medien werden wir tagtäglich überflutet, als dass wir es daneben noch vermöchten, auf leise Zwischentöne zu horchen. Doch genau in diesen unauffälligen Bereichen zwischen den Welten verbergen sich viel Weisheit und Kraft. Öffnen sich die verborgenen Türen und die geheimen Pfade, verschaffen sie uns Zugang zu unseren Ressourcen. Die eine Dimension, die wir Realität zu nennen pflegen, vervielfacht sich und wird zum Abenteuerland. Prickelnder als jeder Champagner, aufre gender als jede Achterbahnfahrt, beglückender als Weihnachten und Geburtstag zusammen, stimuliert dich das Hören und Gehört-Werden in der Welt der Materie. Wundere dich nicht, wenn du weniger Schlaf benötigst. Wundere dich nicht, wenn Freude zu deinem treuen Freund wird. Wundere dich nicht, wenn du strotzt vor Energie.

Denn dies ist es doch, was wir ersehnen:
- ein wundervolles Leben zu leben
- das Eins-Sein mit dem Ganzen zu fühlen
- unsere Ressourcen nutzen zu können
- kreativ zu interagieren
- angenommen, geliebt und gewürdigt zu sein
- andere annehmen, lieben und würdigen zu können mit Leichtigkeit und von ganzem Herzen

Wohlan, du bist mit Sicherheit auf dem Weg dahin. Wollen wir heute Paten für dich suchen, die dich begleiten und unterstützen? Sie stehen schon bereit – scharenweise. Schau dich um. Für jeden Tag des Jahres wirst du einen finden können, ja sogar für jeden Tag deines Lebens. Das ist wahre Fülle! Doch beginnen wir einmal mit einer Woche. Danach kennst du das Rezept, kannst selbst deine Paten aussuchen und an deine Seite rufen.

MONTAG UND GRÜNE ERBSEN

Ufff. Schon wieder Montag. Du rappelst dich wenig motiviert auf, um dein Tagewerk zu beginnen. Deine Füsse scheinen mit Blei gefüllt zu sein. Dein Gesicht beginnt ganz zögerlich damit, sich zu entfalten. Na ja, es muss halt sein, denkst du tapfer und zum Trost sagst du dir, dass alle Anderen auch in den sauren Apfel beissen und sich aufmachen müssen, ihren Lebensunterhalt zu verdienen. Eine Tasse Kaffee bringt dich vielleicht auf Trab, oder etwa doch nicht? Falls du dich trotzdem immer noch schlapp fühlst und am liebsten wieder in dein Bett schlüpfen möchtest, falls du dir dringend mehr Elan und Leichtigkeit wünscht, dann rufe dir als Paten des Montags die grünen Erbsen herbei.

Ja, du hast schon recht gehört. Dies ist die Gute-Laune-Patin mit Erfolgsgarantie. Nimm in Gedanken zwei grüne Erbsen, setze je eine in deine Füsse und bitte sie zu wachsen.

Unmittelbar beginnt sich in deinen Füssen etwas zu regen. Die Erbsen werden praller und dicker und platzen auf. Ein erstes Keimblatt schlüpft leise hervor und rankt sich neugierig nach oben. Du spürst sofort ein köstliches Kräuseln, Kribbeln und Kitzeln, das sich von unten über die Beine in deinen Körper hoch windet, deine Glieder sachte durchkrabbelt und nach und nach dein Sein durchwächst und dich mit einem Schmunzeln, Kichern und einer ungeheuren Leichtigkeit erfüllt. Völlig mühelos beobachtest du, wie sich die zar ten Ranken der Erbsenpflanze spiralförmig in alle Gebiete deines Körpers hinein kringeln, ihn spielerisch in Besitz nehmen und mit zuversichtlicher Kraft erfüllen. Du wirst innerlich gestreichelt und liebkost. Du fühlst die zunehmende Kraft der Erbsenpflanze deutlich. Erst war sie bloss eine scheue, jedoch ausgesprochen unternehmungslustige Idee, die eine zarte Spur bahnte, sich dann allmählich zu feiner materieller Substanz wandelte, danach kräftiger wurde und sich ausdehnte. Im Zeitraffer erstarkten die hellgrünen Sprosse, bildeten Blätter und weisse Blüten und liessen aus diesen zuerst kleine, später saftig knackige Hülsen wachsen, welche nun aufspringen und ihre runden, glänzenden, vollkommenen Früchte frei geben.

Nicht nur eine, nein, gleich mehrere fröhliche Erbsen springen jetzt in die Welt hinein und beginnen ihrerseits einen neuen Zyklus von Wachstum, Ausbreitung und Inbesitznahme des verfügbaren Raumes. Du schaust begeistert zu und verstehst, begreifst, erlebst unmittelbar und lebensecht, wie du deine Energie mit Leichtigkeit mehren und wie du deine Realität gestalten kannst. Es braucht nicht anstrengend zu sein. Du bist nicht genötigt, jetzt und heute ein fertiges, respektables, tonnenschweres Ergebnis in Beton giessen zu können. Nein, es reicht fürs Erste, einen Impuls zu setzen und diesem beim Wachsen und Gedeihen zuzusehen. Alles in diesem Universum wächst. Auch diese Woche will wachsen und beginnt mal eben mit einem erbsengrünen, munteren Montag.

DIENSTAG UND DER EIFFELTURM

Der zweite Tag der Woche steht bevor und zeichnet sich aus durch Gleichförmigkeit. Der Wecker klingelt wie jeden Morgen. Du putzt deine Zähne mit derselben Zahnpasta wie stets. Im Bus hältst du, vergeblich wie immer, Ausschau nach einem freien Sitzplatz und im Büro triffst du auf bekannte Gesichter. Alltag. Gewohnheit. Langeweile. So nett, diese Zuverlässigkeit der Ereignisse. Doch, anstatt dankbar dafür zu sein, dass alles in den bekannten Bahnen verläuft, bist du genervt und beklagst im Geheimen die Gleichförmigkeit deines Seins. Wo bleibt das Abenteuer, das deine Lebensgeister aktiviert? Wie findest du zum Glanz deiner Jugendzeit zurück? Dir scheint, du seist zum Schatten deiner selbst geworden, grau und blass und fade. Deine Schultern hängen vornüber, ebenso wie deine Mundwinkel, die vergessen haben, wie sich Lächeln und Lachen anfühlen.

Mist! Nimm heute den Eiffelturm als Paten und richte dich auf zu deiner vollen Grösse und Pracht.
Du kennst das Wahrzeichen von Paris, nicht wahr? Entweder, weil du selbst dort warst und es bestiegen oder bestaunt hast oder weil du den Turm auf Postkarten und Bildern gesehen hast. Eigentlich wäre ihm eine kurze Lebenszeit beschieden gewesen. 1887 bis 1889 anlässlich der Weltausstellung erbaut, sollte er 20 Jahr später wieder abgerissen werden. Doch in dieser Zeit erwies er sich als Besuchermagnet und Kassenerfolg und erobert auf diese Weise

auch die Herzen derjenigen Franzosen, die ihn anfänglich als Schandfleck von Paris bezeichnet hatten. So durfte er bleiben und ist zum Wahrzeichen der Stadt geworden.

Wenn du dich nun in Gedanken mit diesem imposanten Bauwerk verbindest und dich in seinen, trotz 10'000 Tonnen Stahl, fragil wirkenden Leib einfühlst, wirst du dich unwillkürlich aufrichten und eine geradere Körperhaltung einnehmen. Ach, wie wunderbar stabil steht das Monument auf seinen vier Füssen, fest verankert trotzt es seit 129 Jahren ungerührt Wind und Wetter. So schwungvoll und grazil, so ausdauernd und unverwüstlich kann Stahl sein.

Ist der Eiffelturm dein Pate, übermittelt er dir grosszügig diese geniale Mischung aus Standfestigkeit und Durchlässigkeit. Bislang konntest du dir diese beiden Eigenschaften womöglich nicht als vereinbar vorstellen. Doch du siehst nun, dass dies durchaus möglich ist. Eine absolut alltagstaugliche Kombination, die dich durch den Dienstag begleiten kann und dir eine neue innere Haltung beschert. Auch wenn Stürme dich umtoben, übersteht deine Struktur dies unbeschadet, denn du bietest wenig Widerstand. Das Skelett deiner kostbarsten Überzeugungen bleibt bestehen und trägt dich weiterhin zuverlässig.

Als Eiffelturm überragst du alles andere. Aus der Vogelperspektive hast du den Überblick. Menschen, Autos, Bäume und Häuser wirken vom obersten Punkt aus gesehen win zig. Du erkennst das Fliessen der Energien, die rhythmischen Bewegungen des Alltags und die Attraktion der Kulminationspunkte, ohne selbst davon irritiert zu werden. Es ist eine heilsame Distanz. Das Kleinliche fällt von dir ab. Du entschlüsselst Zusammenhänge, die anderen entgehen. Als Beobachter sind dir Lösungen leichter zugänglich, weil du über bekannte Raster und Konzepte hinaussehen kannst.

Weite, Grösse und Himmelsruhe sind die Geschenke, die dir nun zufallen. Du wirst allmählich zur Weisen mit Lücken, Durchbrüchen und Toleranz. Deine Gelassenheit und innere Grösse machen dich zum Leuchtturm für deine Mitmenschen.

Meinst du nicht auch, dass mit Hilfe deines Paten, des Eiffelturms, ein gewöhnlicher, glanzloser Dienstag zu einem wundervollen Abenteuer geworden ist?

MITTWOCH UND KARTOFFEL

Beklagst du heute womöglich deine Beziehungslosigkeit? Stehst du irgendwie verloren auf weiter Flur und weisst nicht, woran du dich festhalten sollst? Driftest du ziellos durch dein Leben und sehnst dich nach sinnvollen Bezugspunkten? Keine Panik. Dein heutiger Pate ist die Kartoffel.

Behäbig, ursprünglich und wohltuend gelassen kullert die Knolle in dein Bewusstsein hinein. Sie nimmt dich mit hinab in die Geborgenheit ihrer dunklen Erdheimat. Kuschle dich, Seite an Seite mit ihr, ins krümelige Braun des Gartenbeetes. Lausche dem schier unhörbaren Knistern, mit welchem sich Regenwürmer, Ameisen und Käfer ihre Wege durch das Erdreich bahnen, dieses auflockern und durchlässig machen, damit Sauerstoff und Wasser auch in die tieferen Schichten eindringen können. Hier unten herrschen eigene Gesetze, selbst Schönheit wird neu definiert.

Die Eleganz und Geschmeidigkeit der Wurzeln rund um dich erschliessen sich dir erst allmählich. Was dir als Mensch statisch erschienen ist, enthüllt nun seine überschwängliche Dynamik. Du erblickst den unterirdischen Tanz, in welchem Moleküle und Pflanzen sich gegenseitig wiegen. Ein fantastisches Kaleidoskop der Farben und Lichtfunken sprüht rund um dich – nährend, sich wandelnd und vervielfältigend.

Und mitten drin in diesem lebhaften Geschehen ruht, einer Königin gleich, die Kartoffel. Zarthäutig und erdgepudert schaut sie um sich mit auberginefarbenen Äuglein und gefällt ihr, was sie erblickt, lässt sie gemächlich aus ebendiesen Äuglein weisse Triebe wachsen. Triebe, die wahlweise zu Wurzeln oder Kartoffelwinzlingen werden. Nach und nach erschafft sich die Mutterkartoffel geduldig eine kleine Sippe. Gemütlich lagern die Kinder, genährt durch fahle, leise pulsierende Nabelschnüre, im Familienrund und träumen froh ihre Kartoffelträume.

Sei auch du Kartoffel und halte Ausschau, worin du deine Wurzeln verankerst, woran du dich laben und was du deinerseits nähren möchtest. Sind es Deinesgleichen, Familie, Freunde und Kolleginnen? Oder verbindest du dich mit Projekten, Konzepten und Ideen? Selbst wenn du dich momentan als Insel fühlst, bist du umgeben von Meer und Himmel, Sonne und Wind. Du bist dein Mittelpunkt der Welt und gebärst deine Wirklichkeit.

DONNERSTAG UND SPIEGEL

Das Leben hat dir eine Ohrfeige verpasst? Deine Träume liegen in Scherben und du zweifelst grade inbrünstig an dem Ausspruch, dass diese Glück bringen sollen? Du zerfliesst im Selbstmitleid und weisst nicht mehr weiter? Du heulst und fluchst und haderst mit dem Schicksal? Genau der richtige Moment für deinen Paten, den Spiegel.

Auch dieser kann zerbrechen und in Stücken liegen. Das makellose Bild, das er bislang zu zeigen gewohnt war, existiert nur noch als erbärmlich bruchstückhaftes Durcheinander. Amputierte, kastrierte, kaputte Vollkommenheit und Herzeleid gehen Hand in Hand. Kein Wunder, fliessen Tränen. Was sollst du bloss anfangen mit dieser Bescherung aus lauter kleinen, verwirrenden Vexierbildern, mit diesen Tausenden von Bruchstücken des grossen Ganzen, mit einem Spiegelkabinett der Verzerrungen? Nie, nie wirst du dieses Chaos wieder in Ordnung bringen können.

Doch tröste dich und werde still. Besieh dir die Bruchstücke. Jedes Einzelne offenbart dir seine ganz eigene Sicht auf die Welt. Lässt du diese auf dich wirken und widmest dich sorglich den dargebotenen Ausschnitten, entdeckst du in jedem ein neues Universum, welches in sich durchaus stimmig ist. Womöglich findest du unverhofft ein Bild, das dich anspricht und inspiriert, das dich zum Lächeln bringt – auch wenn du mitten in deiner Trauer steckst. Hältst du dieses

Stück nahe genug an deine Augen, vermag es wieder die ganze Welt zu spiegeln. Aus klein wird gross, die eine Scherbe kann zum Grundstein eines Mosaiks werden. Du wählst aus den Trümmern der Vergangenheit die Samen für die Zukunft aus.

Zu Beginn mag das schwierig sein, denn dein Blick ist noch tränenverschwommen und deine Hände zittern im Nachbeben des Schreckens, den du erlebt hast. Doch allmählich kehren Mut und Lebenslust zurück. Du besinnst dich auf deine ursprüngliche Kraft und Kreativität, sammelst Scherbe um Scherbe ein und arrangierst sie neu. Dein Mosaik wird bewusster, authentischer und persönlicher deine Wünsche abbilden als dies je vorher möglich gewesen ist. Und wenn du es dann liebevoll betrachtest, dein fertiges Werk, wirst du beglückt feststellen, dass sich darin der ganze Himmel spiegelt mitsamt Sonne, Mond und allen Sternen.

Sie waren stets da. Auch du bist nicht verloren gegangen. Du hast dich bloss gehäutet und dich neu erfunden. Mag dein Spiegel tausendmal zerbrechen, deine Realität sich oftmals verändern, du immer wieder neu geboren werden – das Gesamte bleibt unversehrt und ewig. Du bist immer daheim.

FREITAG UND PLANKTON

Kennst du Trauer, Wut und die damit verbundene Hilflosigkeit? Versuchst du auch nach Möglichkeit, diesen Gefühlen auszuweichen, sie schön zu reden oder dir, tapfer, aufrecht und edel nichts anmerken zu lassen von deinem Schmerz? Einige Gefühle sind in unserer Gesellschaft verpönt und wir schämen uns dafür, ihnen immer mal wieder ausgeliefert zu sein. Dein heutiger Pate, das Plankton, lehrt dich, in deine Emotionen einzutauchen

Schau sie dir an, deine Trauer und deine Hilflosigkeit. Sie sind ozeanweit, tiefblau, abgründig, uferlos. Es zieht dich rücklings hinein, hinein ins Blau dieses emotionalen Meeres, nun, da du dir den Blick darauf erlaubst. Dir scheint, als weine, schluchze jede Faser deines Körpers. Als erreiche dies Klagen die entfernteste Ecke deines Bewusstseins und schalle als Echo zurück in dein Jetzt. Du wirst zusehends kleiner in deiner Machtlosigkeit, ganz und gar widerstandslos treibst du dahin in blaugrünen Fluten, in blauschwarzen Tiefen, in blauweisser Gischt. Du verlierst deine menschlichen Gliedmassen, Augen und Gehör und wirst zum Einzeller.

Die Gezeiten tragen und wiegen dich, einer fürsorglichen, nie ruhenden Amme gleich. Schieben dich hinab zum Grund mit all dessen farblosen, tagfernen Wesen und schwemmen dich hinauf zum Strand, wo du im Sand versickerst, um ir gendwann zurück ins Wasser zu fliessen mit Deinesgleichen. Unbedeutend, winzig, bist du überall zuhause, eckst nirgends an, findest jeden Durchschlupf, ist er auch noch so klein. Du darfst, kannst, musst nichts oder alles ohne Wahlmöglichkeit. Eingebettet in ein grosses Ganzes bist du jeder planerischen Verantwortung enthoben und damit auch vom Zwang befreit, souverän und verlässlich den Überblick zu behalten.

Die Pfründe dieser Machtlosigkeit sind vielfältig und weitläufig: die Verlassenheit als weinendes Kleinkind, als ratlose Schülerin vor der Wandtafel, als verschmähter Freund auf dem Pausenhof, als entlassene Arbeitnehmerin, als schockierter Beobachter von Naturkatastrophen und Kriegen, als Kranke, als Begleierin von Sterbenden - du besuchst sie alle, diese Orte des Ausgeliefert-Seins und kostest deren Bitterkeit. Und das Meer schwillt an. Es unterscheidet nicht die verschiedenen Gründe der Traurigkeit, wertschätzt sie gleichermassen und lässt sie zusammen strömen. Deine eigene Not und das Elend der Anderen verschmelzen. Bedrängnis und Ausgesondert -Sein werden zu Wogen desselben Ozeans, die gemeinsamen Tränen zum heimatlichen Kosmos, welcher alle birgt.

Doch da ist zu deinem Erstaunen nicht bloss Verzweiflung, sondern auch sanftes Strömen und Licht, welches sich im Wasser bricht und regenbogenfarben die ganze Umgebung verzaubert. Das Glänzen dieser Reflexe vermischte sich mit dem Funkeln der winzigen Plankton-Körper. Ob in der Düsternis der Tiefe oder im transparenten Schein der Oberfläche bist du glitzernder, lebendiger Partikel inmitten des Lebens. Wie ein Planet am sternenübersäten Firmament. Und beginnst es zaghaft herrlich zu finden, ohne Auftrag, Ziel und Ehrgeiz zu sein. Dass ein grösseres Ganzes dich trägt und dich mitsamt der Planktonwolke mal hier, mal dorthin weht in nicht zu ergründender Weisheit oder Zufälligkeit, entbindet dich von jeglicher Angespanntheit.

Du ergibst dich nach und nach in diese ungewohnte Art des Empfindens. Weich und frei dümpelst du dahin und lässt dich tragen. In diesem Moment fühlt sich alles stimmig an und von Liebe genährt, sodass du dich versöhnst mit deiner Trauer und deinem Ausgeliefert-Sein. Nicht nur du bist geborgen und wirst getragen in diesem Ozean. Du weisst auch alle anderen Wesen, die aus deiner Sicht leiden, als Teil desselben, genährt auf unerklärliche Weise und gesegnet vom Allumfassenden. Entgegen jeder Vernunft und ohne Bezugnahme zur offensichtlichen Realität keimt Zuversicht in dir auf und mit ihr die Wahrscheinlichkeit des Unversehrt-Seins.

Kehre in der Folge, wann immer es dir danach ist, zurück in deine Existenz als Plankton. Sieh dich und all die anderen als wunderschöne, heile, glitzernde Partikel in der Weite des Energiemeeres.

SAMSTAG UND GELD

Wasserhähne aus Gold willst du sicherlich nicht dein Eigen nennen und auf eine Yacht und einen Privatjet kannst du vermutlich locker verzichten. Trotzdem wirst du nicht gänzlich wunschfrei sein, was all die herrlichen Dinge betrifft, die mensch mit Geld erstehen kann. Natürlich kennst du aus der Forbes-Liste die reichsten Menschen der Welt und weisst, (vielleicht mit einem leichten Stich des Neides), dass diese sich alles leisten können. Du findest das möglicherweise etwas dekadent, stufst soziale, spirituelle und intellektuelle Kompetenz deutlich über Geldbesitz ein und sicherst auf diese Weise deinen Seelenfrieden. Trotzdem soll heute Geld dein Pate sein.

Schon klar, Geld ist bloss bedrucktes Papier und geprägtes Metall. Eigentlich eine harmlose Sache, als Tauschmittel gedacht, um unser Leben zu vereinfachen. Und doch hat es sich einen bemerkenswerten Status erobert und eine erhebliche Triebkraft entwickelt. Gewisse Menschen sind sogar bereit, dafür zu betrügen, zu lügen, andere zu hintergehen oder gar zu ermorden. Da wundert es nicht, dass unsere Gedanken bezüglich des Geldes die unterschiedlichsten Ausprägungen haben. Einerseits möchten wir möglichst viel davon besitzen, andererseits betrachten wir es als „schmutzige" Ware. Ja und nun, wie soll das Geld jetzt unseren Botschaften interpretieren? Soll es kommen oder soll es sich von uns fern halten? Ein echtes Dilemma für uns Realitäts gestalter.Deswegen ist der Zeitpunkt gekommen, um wie weiland Onkel Dagobert im Geld zu baden. Mit grossem Vergnügen, der totalen Hingabe und höchstem Entzücken in eine Wanne voller Scheine und Münzen einzutauchen, wonniglich darin zu versinken und die Anwesenheit dieses Reichtums zu bejubeln – kannst du dir das erlauben? Heute schon. Probehalber. Versuchsweise. Einfach mal aus Verrücktheit und mit einer gewissen Verspieltheit...doch, doch, du schaffst das. Du wirst eine fröhlich quakende, reiche Ente, natürlich, ohne zugleich Dagoberts Geiz mit zu übernehmen. Suhle dich ausgiebig in deinem Geld und tauche tief hinein, suche seine Nähe, schmiege dich daran, atme seinen Geruch, fühle seine Beschaffenheit, lausche dem Klimpern der Münzen und Goldstücke und dem Rascheln der Scheine. Verbrüdere dich vollumfänglich mit deinem Geld.

Peinlich so etwas, sagst du, und dir zutiefst zuwider? Du beleidigst gerade einen Mitspieler im Spiel des Lebens. Kann er etwas dafür, dass er missbraucht worden ist? Nein, gewiss nicht. Er stellt sich nämlich durchaus gutwillig und flexibel zur Verfügung und erst menschliche Handlungen und Gedanken stempeln ihn zum Bösewicht. Doch eigentlich ist er ein Symbol für Fülle.

Denn hinter deinem Wunsch nach Geld stehen unterbewusst viele andere Wünsche: Geborgenheit, Sicherheit, Bewegungsfreiraum. Freiheit, Kreativität, Wahlmöglichkeiten,

Schönheit, Begegnungen, Inspiration, Wissenszuwachs, Sattheit, Zuwendung, Gestaltungskraft....

Wenn du das Geld nun gedanklich in all diese tiefer liegenden Wünsche umwandelst, deine Münzen und Scheine als Symbole für dieselben betrachtest – wie fühlt sich das Bad darin dann an? Macht es dich glücklich und entspannt? Quakst du nun tatsächlich wohlig und zufrieden wie eine kleine Comic-Ente im Glück? Dann wäre es vermutlich empfehlenswert, des Öfteren ein Bad in all deinen Vorstellungen von Reichtum zu nehmen und zu beobachten, wie sich dadurch dein Empfinden für Fülle entwickelt. Du wirst mit Sicherheit entdecken, dass du bereits mitten darin lebst, ohne dass du es zuvor bemerkt hast. Und du wirst beobachten können, dass Fülle und Reichtum sich unter deiner wohlwollenden Hinwendung gerne vermehren.

SONNTAG UND WEISS

Ein Tag der Ruhe und Besinnung wird dir geschenkt. Du hast keine Verpflichtungen und bist frei zu tun, wonach dir der Sinn steht. Dein Pate für diesen herrlichen Moment ist die Farbe Weiss.

Diese makellose Farbe steht für absolute Reinheit und Unbeflecktheit. Sie breitet sich grosszügig vor deinen Augen aus und legt dir ein glitzerndes Schneefeld zu Füssen, in welchem du deine ureigenen Spuren hinterlassen darfst. Lauf los: träumerisch, tänzerisch, torkelnd, zögerlich, hüpfend, zielgerichtet, sportlich, kämpferisch, verspielt, locker oder angestrengt – wie auch immer es dir zu Mute ist. Du bist die Bewegung in diesem, dir dargebotenen Land. Du bist die Farbe und die Form auf dieser Leinwand. Du bist das Wort und die Geschichte auf diesem weissen Papier.

Ja, es braucht zuweilen Mut, dieses jungfräuliche Weiss gestaltend zu beanspruchen und zu verändern. Du willst es ja nicht leichtfertig beflecken oder gar verderben. Du verspürst eine Ehrfurcht vor der Freiheit, die dich als empfindsames, respektvolles Wesen auszeichnet und ehrt. Du fürchtest dich vielleicht auch davor, Regeln zu übertreten und Eigeninitiative zu entwickeln. Denn du möchtest keine Fehler machen. Doch das Weiss ist geduldig und wartet, bis du aus deinem Herzen heraus, von deinen Wünschen geleitet und deinem inneren Impuls vertrauend, aktiv wirst und dir eigene Regeln gibst. Trau dich zu denken, was du denkst. Zu fühlen, was du fühlst. Zu tun, was dich beglückt. Sei du – niemand anderes kann das so gut wie du selbst. Möglicherweise findest du diesen Rat banal. Jedoch ist gerade das Einfache oft das Richtige.

Weiss beispielsweise ist nie kompliziert, es ist einfach da. Es schafft neuen Raum. Es schenkt dem Wirken die erforderliche Freiheit. Selbst der Hauch einer anderen Farbe zeichnet sich auf Weiss deutlich ab. Somit hat jede kleinste Regung eine reelle Chance, gesehen zu werden und Resonanz zu finden. Ob zart oder vehement, Weiss lässt alles grosszügig geschehen. Es verbündet sich mit dir und lehrt dich, dir gegenüber dieselbe Grosszügigkeit aufzubringen und dir immer wieder die Gelegenheit zu geben, dich neu zu erfinden. Was kann dir besseres geschehen für das Pflanzen und Gedeihen-Lassen deiner Ideen, deines Selbstbildes, deines Lebensentwurfs?

Dein Alltag ist nur scheinbar Routine. Wenn du dich darauf achtest, rollt dir das Weiss in jedem Moment eine frische, reine Leinwand aus, die du gestalten darfst. Fehler gibt es für das Weiss übrigens nicht – es nennt all deine Unternehmungen „Ausprobieren" und findet, dafür sei das Leben ja da. Drum schwinge den Pinsel, den Stift, die Beine und geniesse unbeschwert die Köstlichkeit des Ausprobierens.

TEIL 5
MATERIE SPRICHT DICH AN

Bislang musstest stets du die Initiative für den Dialog mit dem Universum ergreifen, damit ein Austausch zustande kommen konnte. Vielleicht ärgert dich dies und du hältst das gesamte Konzept für einen irrigen Ausflug ins Land der Fantasie. Doch dieses Herantasten und sich Einfühlen war die Grundvoraussetzung für deine Sensibilisierung, die dir erst den Austausch mit der Materie ermöglicht. Schliesslich hast du viele Jahre damit zugebracht, sie als leblos, geistlos und dir untertan zu betrachten, bevor sie nun deine Freundin geworden ist.

Jetzt bist du tatsächlich auf derselben Augenhöhe wie die Vertreter der Materie. Sie sind sicherlich in deiner Achtung gestiegen und dürfen sich nun in deiner Aufmerksamkeit zuhause fühlen. Künftig wirst du vermehrt erleben, dass Dinge dich ansprechen. Das taten sie wohl früher schon, doch weil du nichts dergleichen erwartet hattest, konntest du es gar nicht bemerken.

Deine Sinne sind mittlerweile umfassender auf Empfang eingestellt, sodass du nützliche Botschaften aller Art wirst erhalten können.

Einige Beispiele:
- Du brichst hektisch zu einer kleinen Reise auf und packst rasch die notwendigen Dinge in deine Tasche. Es eilt, denn der Zug wartet nicht auf dich. Unter der Türe hörst du plötzlich einen leisen Ruf in deinem Kopf „ Hallo, mich

nimmst du nicht mit?" Oh Schreck, genau! Dein Handy, das du vorausschauend zum Aufladen des Akkus ans Kabel gesteckt hattest, wäre ohne seine Intervention wohl vergessen gegangen. Du schnappst dir deinen Liebling, sagst ihm Danke und verlässt das Haus.

- Du sitzt gemütlich in deiner Sofaecke und liest ein Buch. Versunken in die spannende Geschichte, merkst du nun trotzdem, dass dein Mund ganz trocken ist. Dich gelüstet enorm nach frischem Wasser, obwohl du noch vor kurzem erst getrunken hast. Als du deinen Blick vom Buch hochhebst, fällt er auf deine Topfpflanzen und dir wird bewusst, dass sie schon ewig nicht mehr von dir begossen worden sind. Sofort gibst du ihnen Wasser und im gleichen Moment verfliegt dein Durst.

- Du stehst vor den übervollen Regalen im Supermarkt und bist völlig ratlos. Welches der vielen Shampoos ist wohl das geeignete für dein kostbares Haupthaar? „Wer von euch macht mein Haar kräftig, glänzend und gesund?" fragst du innerlich. Und siehe da, eine Flasche sieht irgendwie leuchtender aus als ihre Kolleginnen. Sie zieht dich magisch an, drängt sich regelrecht in dein Bewusstsein. Es ist klar, dieses Shampoo will zu dir.

- Du sitzt traurig am Morgentisch. Nach einem üblen Zwist hat sich deine beste Freundin von dir losgesagt. Du fühlst dich leer und zerschlagen. Etwas Kostbares scheint unwie derbringlich verloren zu sein. Was sollst du nun mit dir anfangen? Betrübt lugst du in die leere Kaffeetasse und dir wird bewusst, dass nur etwas Leeres sich wieder füllen kann. Das nächste Mal vielleicht mit Tee, Milch oder Schokolade. Vielleicht hat deine Freundin dir den Raum geschenkt, damit eure Beziehung auf neue Weise auferstehen, du andere Menschen treffen oder diesen Raum für dich selbst nutzen kannst.

- Du stehst an der Haltestelle und wartest müde auf die Strassenbahn, die dich nach Hause bringen soll. Deine Augen sind erschöpft auf den Boden gerichtet – es ist ein anstrengender Arbeitstag gewesen. Da erblickst du die Schienen, welche getreulich paarweise als schier unendliche Parallele durch die Stadt ziehen. „So treu und ausdauernd", denkst du und fühlst intensiv den Wunsch, dir selbst treu zu sein. Dir wird bewusst, dass du die Einzige bist, die garantiert lebenslang mit dir zusammen sein wird. Du beschliesst, dir Sorge zu tragen, daheim ein Schaumbad einzulassen, schöne Musik zu hören und ein tolles Buch zu lesen. Die Treue zu dir selbst rührt und beglückt dich und Freude keimt in dir auf.

- Du lädst ein neues Programm auf deinen Computer. Zack, zack, schon erledigt. Plötzlich beginnst du zu lachen. Soooo einfach ist das also mit dem Installieren eines neuen Programms. Bloss du hältst an deinen uralten Selbstzweifeln fest und erlaubst dir nicht, deine Träume zu leben. Wenn der Computer es kann, kannst du es auch. Jedes Mal, wenn du an ihm arbeitest oder an ihm vorbei gehst, erinnere dich an dein neues Programm ‚ich kann'.

- Du fühlst dich verspannt, dein Nacken schmerzt. Dein armer Körper tut dir richtig leid. Billionen von Zellen hatten mit dir zusammen einen anspruchsvollen Tag. Du schaust dir eine einzelne Zelle an – sie sieht zu deinem Schrecken aus wie ein alter, vertrockneter Lederbeutel – nicht gerade sehr glücklich. „Ojeh, was würde dir gut tun?" fragst du sie. Sogleich erblickst du ein wundervolles Bild: Du stehst am Meeresstrand und gerade jetzt geht die Sonne auf. Herrlich. Die kühle Morgenluft erwärmt sich allmählich, Möwen toben sich fröhlich über dem Wellenspiel des Meeres aus, und du fühlst dich wohl. Wenn du nach diesem kurzen Ausflug in deine Vorstellungskraft nun nochmals die einzelne Zelle anschaust, wirst du entzückt feststellen können, dass sie zum leuchtenden, geschmeidigen, lebendigen Ballon geworden ist.

- Du musst ein Medikament einnehmen, dessen mögliche Nebenwirkungen dir nicht geheuer sind? Nimm Kontakt auf mit dem Medikament, befreunde dich mit ihm und bitte es, dir gut zu tun. Betrachte es eingehend. Gibt es irgendetwas Schönes an der Verpackung, an der Form oder Farbe der Pillen, welches dich erfreut? Erhältst du eine Botschaft des Medikamentes bezüglich der Art, wie du es einnehmen könntest? Nicht dass du die Anweisungen des Arztes ignorieren sollst. Aber vielleicht kannst du die Tabletten zu Musik, mit besungenem Wasser oder nachdem du sie auf ein schönes Symbol gelegt hast, schlucken. Finde, zusammen mit deiner Medizin, ein auf euch zugeschnittenes Freundschaftsritual.

- Deine Leber schmerzt. Du stimmst dich auf sie ein und siehst das Bild eines römischen Kriegshelden in voller Montur mitsamt Streitwagen und feurigem Ross. Als friedliebender Mensch willst du den Krieger davon abhalten, in die Schlacht zu ziehen, für welche er sich ganz offensichtlich gerüstet hat. Doch ein Blick in sein entschlossenes Gesicht belehrt dich eines Besseren – in diesem Fall ist er der Experte. Er hat einen Feind ausgemacht und will diesen in die Flucht schlagen. Da ist deine Einmischung fehl am Platz. Ohne Worte habt ihr euch verständigt, ganz einfach nur über die Botschaft der inneren Bilder. Du wünscht ihm auf demselben Weg Glück und Erfolg für sein Vorhaben und dankst ihm für die Ernsthaftigkeit, mit welcher er für dich und dein körperliches Wohlergehen in den Kampf zieht. Und siehe da – in deiner Leber breiten sich Wärme und Entspannung aus.

- Schon seit längerer Zeit surfst du auf einer Welle des Glücks und geniesst dein Leben in vollen Zügen. Insgeheim ist dir dies nun schon beinahe unheimlich. Irgendwann wirst du doch vermutlich für dein Glück bezahlen müssen, oder etwa nicht? Besorgt hältst du Ausschau nach einem Ratgeber im Land der Materie und erblickst einen Strauch, welcher vor deinem Fenster wächst. Wie oft ist er schon zurückgeschnitten worden und bildet trotzdem immer wieder unverdrossen neue Zweige und Blätter. Dir scheint, als blinzle er dir zu und wolle dir mitteilen, dass das Leben und das Glück nie mit Wachsen aufhören werden.

Du bist im Clinch mit einer bestimmten Situation. Eigentlich möchtest du versöhnlich, grossherzig, liebevoll und konstruktiv sein. Ganz klar. Aber es gelingt dir nicht. Im Kopf gehst du sämtliches Wissen durch, das dir jetzt vielleicht helfen könnte. Fehlanzeige! Du weisst, du solltest das Hässliche, das sich in deinem Leben zeigt, lieben, umarmen, akzeptieren, vergeben. Hochspirituell natürlich. Doch alles in dir sträubt sich dagegen – wie sollst du etwas lieben, das du eigentlich hasst? – das ist doch nicht ehrlich. Du fühlst dich durch dein Unvermögen zur Versöhnung schuldiger denn je. Im Verlauf deiner inneren Auseinandersetzungen bist du nun allmählich zum winzigsten Zurzelmonster mit dem grössten schlechten Gewissen aller Zeiten zusammengeschrumpelt und möchtest vielleicht sogar liebend gerne in ein Mausloch verschwinden. Da kommt dir in den Sinn, dass du ja nicht alleine bist. Ringsum dich existiert ein RIESIGES Universum. Eines, das über unendlich viel Liebe verfügt. Rufe dieses Universum an und bitte es zu lieben, was du nicht lieben kannst. Und dann spüre hin, was in dir und um dich herum geschieht. Du wirst Wunder bezeugen können – ganz gewiss.

TEIL 6
DAS WUNDER DER ACHTSAMKEIT

Es ist schon ein bisschen verrückt, dass wir das Nichts-Tun wieder lernen müssen. Jahrelang war Effizienz unser höchstes Ziel, welches wir voller Hingabe und ohne uns zu schonen, von Kindesbeinen an angestrebt haben. Alles Erreichte, Erarbeitete, Erschaffene zeichnete uns aus und legte Zeugnis ab von unserer Qualität. Wir konnten unseren Wert dadurch belegen und uns Anerkennung sichern. Die Chance, dass wir geliebt würden, stieg markant an und verhiess uns Sicherheit und Geborgenheit. Unser ängstliches Gemüt fand zuweilen kurzzeitig Inseln der Ruhe und Behaglichkeit und wir konnten uns ein Momentchen auf den errungenen Lorbeeren niederlassen, bevor die wilde Jagd weiterging.

Und nun bekommst du den Rat, mal nichts zu tun. Nichts zu denken. Einfach zu sein. Warum?

Stell dir vor, du wirfst einen Stein in einen ruhigen Weiher. Er versinkt nach seinem Flug durch die Luft mit einem Platsch und vielen Spritzern im Wasser und initiiert kreisförmige Wellenbewegungen, die sich allmählich ausdehnen und schliesslich die Ufer des Weihers erreichen. Würdest du nun unmittelbar nach dem ersten Wurf einen zweiten Stein ins Wasser schmeissen, könnten sich beider Wellen nicht in Ruhe ausbreiten.

Desgleichen wird dein Dich-Einschwingen in die Klarheit und Kraft des Universums durch gedankliche Interventionen unterbrochen und kann nicht die vollständige Intensität und Ausdehnung erreichen. Erst, wenn der Impuls sich frei und ungehindert ausbreiten kann, beginnt das Singen und Klingen im grossen Resonanzfeld und du erlebst deine Verbundenheit mit dem Ganzen. Du darfst dem Univesum durchaus Weisheit, Kraft und Freundschaft zutrauen, und ihm den Raum geben, diese seine Talente zur Entfaltung zu bringen. Dieses Erlebnis ist unbeschreiblich heimatlich. Wenn du je die Wohltat dieses Fliessen-Lassens erfahren hast, wirst du mir zustimmen. Du surfst dann anstrengungslos auf der Welle des Wohlbefindens und des Glücks. Du bist fraglos göttlich und heil. Du bist geborgen im Feld der Energie.

Grade eben sehe ich aus dem Fenster meines Ateliers einem Milan beim Fliegen zu. Der Flug des edlen Vogels illustriert sehr schön, wie sinnvoll Aktion und Geschehen-Lassen harmonieren. Der Milan tut einige kräftige Flügelschläge und lässt sich danach eine gute Weile von der Luft tragen, ohne selbst noch eine Feder zu rühren. Zugleich kraftvoll und entspannt zieht er seine Bahnen im himmlischen Blau.

Du kannst dir seine Technik auch aneignen, indem du im einen Moment dein Bestes gibst und im nächsten das Universum deine Initiative aufgreifen und weitertragen lässt. Dein Bestes muss nicht immer eine Tat sein. Oftmals ist auch ein Gefühl, ein Gedanke, eine Bitte oder ein Gebet der Same, aus dem etwas Wunderbares wachsen kann. Ist es nicht äusserst befriedigend, sich vorzustellen, dass du und das grosse Ganze so kreativ und freundschaftlich zusammen spielen? Hand in Hand. Herz an Herz. Respektvoll. Partnerschaftlich. Geschwisterlich. Vertraut.

Du bekommst Platz, in Freiheit deine Erfahrungen zu machen. Umgekehrt schenkst du dem Universum den Freiraum, sein Werk zu tun. Keiner pfuscht dem anderen durch exakte Vorgaben und minutiöse Erwartungen ins Handwerk. Ihr werft euch die Bälle gegenseitig lustvoll zu und geniesst das Spiel. Das hat enorme Synergien zur Folge. Der zunehmend natürliche Rhythmus des Tun und Lassens wird dich beflügeln.

Nun gut, dann kommen hier die beiden einfachen Übungen, die es dir erleichtern sollen, dem Universum Freiraum zu geben. Dein Loslassen ermächtigt es erst zu seinen Taten.

ÜBUNG 1

Stelle dich aufrecht hin und breite deine Arme seitlich aus. Lasse sie langsam sinken bis sie ganz entspannt zu beiden Seiten hinunter hängen. Während deine Arme sich im Sinkflug befinden, nimm deine Finger wahr, fühle den zarten Windhauch, der durch die Bewegung entsteht. Spüre auch allfällige Temperaturunterschiede während des Fluges. Werde dir der Spannung/Entspannung deiner Hände bewusst. Lasse dir Zeit. Stehe und fühle deinen Körper, den Raum, der dich umgibt, Geräusche, die an dein Ohr dringen, das Licht, das sich vielleicht verändert.

Ganz einfach, nicht wahr?
Einfach Sein.

ÜBUNG 2

Setze dich gemütlich hin. Fühle in dich hinein. Nimm wahr, was du spürst an Spannung/Entspannung, Wärme, Kälte, Wohl/Unwohlsein, Gedanken, Emotionen, Erinnerungen, Beobachtungen. Nimm wahr, was du hörst und riechst. Das alles bist du. Du nimmst dich wahr.

Kommentiere nichts. Schau, höre, fühle dir zu.

Du bist es wert, gehört, geschaut, gefühlt zu werden.
Und dann wird dein Atem ohne jede Anstrengung oder Absicht ruhiger und tiefer. Und du gelassener. Friede kommt über dich und breitet sich allmählich aus.

Du bist glücklich.
Inmitten dieses freundlichen Universums,
inmitten der Materie,
inmitten des Bewusstseins,
inmitten deiner selbst,
einfach glücklich.

TEIL 7
DAS ERSTE UND DAS LETZTE GEHEIMNIS

Im Märchen „Der Froschkönig" der Gebrüder Grimm freut sich der treue Diener Heinrich so unbändig über die Erlösung seines Herrn aus der Gestalt des Froschs, dass drei eiserne Bande, welche sein schmerzvoll trauriges Herz zusammengehalten hatten, mit lautem Krachen zerspringen.

Ob es bei dir laut oder leise zugeht, wenn du die Materie durch dein neues Verständnis aus ihrem Bann befreit hast, vermag ich nicht vorherzusagen. Aber es wird dich gewiss nicht unberührt lassen. Dein Dialog mit dem geronnenen Licht wird dich befruchten, nähren und beglücken. Du wirst reich beschenkt sein durch die Bilder und Antworten aus deinen Gesprächen mit den Dingen. Dadurch, dass du diese in einen neuen Stand erhebst und ihnen Wertschätzung entgegenbringst, indem du ihnen Bewusstsein attestierst, erfährt die ganze Schöpfung eine Erhöhung, welche sich nur positiv auf dich und auf die Gesamtschwingung auswirken kann.

Dein Mitwirken beim Entstehen der Gleichwürdigkeit kann in jedem Moment ohne grösseren Aufwand erfolgen, ist an keinerlei Auflagen geknüpft, kostet dich weder Schweisstropfen noch Geld und bedarf einzig deiner Hinwendung und Aufmerksamkeit.
Gewahrsein ist deine Gabe und dein Geschenk, und macht dich zur göttlichen Mitspielerin im Spiel des Lebens. Warum sollte deine Welt nicht phantastisch, überschwänglich und freudvoll sein?

Freude, Dankbarkeit und Liebe öffnen mehr als jegliches Wissen den unendlichen Raum der Heilung. Die umfassende Akzeptanz dessen, was ist, verbreitet Friede, Ruhe und Klarheit in deinem Herzen und in deinem Leben.

Sei herzlich willkommen, wo du seit jeher zuhause bist - in deinem medialen, geschwisterlichen Austausch mit der Materie, mit dem umfassenden Reichtum, den dir das Universum offeriert. .

INHALTSVERZEICHNIS

Seite   7   Inhalt

Seite   11...TEIL 1, Spiritualität heute

Seite   38   TEIL 2, Meditativ-Mediale Begegnungen
Seite   40   Sand – Flexibilität
Seite   43   Erdbeere – Talente
Seite   46   Kaktus – Abgrenzung
Seite   48   Backstein – Stabilität
Seite   50   Schwarz – Intensität
Seite   53   Mycel – Verbundenheit
Seite   56   Schwamm – Sättigung
Seite   59   Wolke – Durchlässigkeit
Seite   62   Himmel – Das väterliche Prinzip
Seite   65   Erde – Das mütterliche Prinzip
Seite   69   Popcorn – Lebenslust, Übermut, Freude
Seite   71   Wasser – Klarheit
Seite   73   Pfingstrose – Schönheit
Seite   76   Kröte – Wandel
Seite   79   Schachbrett - Dualität
Seite   82   Karotte – Zuversicht
Seite   85   Schmetterling - Zyklus
Seite   89   Kompass – Ausrichtung
Seite   92   Knospe – Potenzial
Seite ..95   Baum – Struktur

Seite ..98 Bagger – Kraft
Seite 102 Kompost – Metamorphose
Seite 105 Türe – Übergang
Seite 108 Ei – Neugeburt
Seite 111 Seifenblase – Parallelwelten
Seite 114 Du – Schöpferkraft

Seite 118 TEIL 3, Quantentransformation

Seite 146 TEIL 4, Materie als Patin

Seite 166 TEIL 5, Materie spricht dich an

Seite 173 TEIL 6, Das Wunder der Achtsamkeit

Seite 179 TEIL 7, Das erste und das letzte Geheimnis

Seite 182 Inhaltsverzeichnis

HABE DANK FÜR DEIN HIER-SEIN
UND SEI VON HERZEN GEGRÜSST

NOA